每一个你都如此斑斓

李嘉盈 著

吉林出版集团股份有限公司 | 全国百佳图书出版单位

图书在版编目（CIP）数据

　　每一个你都如此斑斓 / 李嘉盈著. -- 长春：吉林
出版集团股份有限公司，2017.10
　　ISBN 978-7-5581-4425-7

　　Ⅰ．①每… Ⅱ．①李… Ⅲ．①作文－高中－选集
Ⅳ．①H194.5

　　中国版本图书馆CIP数据核字(2018)第005071号

MEI YI GE NI DOU RUCI BANLAN

每一个你都如此斑斓

著　　者：李嘉盈
出版策划：孙　昶
选题策划：孔庆梅
责任编辑：刘晓敏
责任校对：侯　帅
内文设计：长春市创意广告图文制作有限公司
出　　版：吉林出版集团股份有限公司
　　　　　（长春市人民大街4646号，邮政编码：130021）
发　　行：吉林出版集团译文图书经营有限公司
　　　　　（http://shop34896900.taobao.com）
电　　话：总编办 0431-85656961　　营销部 0431-85671728/85671730
印　　刷：吉林省良原印业有限公司
开　　本：880mm×1230mm　1/32
印　　张：6.25
字　　数：150千字
版　　次：2017年10月第1版
印　　次：2017年10月第1次印刷
书　　号：ISBN 978-7-5581-4425-7
定　　价：30.00元

印装错误请与承印厂联系　　电话：13604430875

斑斓的世界，斑斓的你

"写作，不是为了影响世界，而是为了安顿自我。"周国平如是说。

这是一本学生写的书，一个学业繁忙的高三学生写的书。我也作过序，但从未给学生的作品作过序，所以提起笔来，还真是感慨良多。

执教半生，遇见太多的学生，他们以各自的不同，呈现着属于这个年龄的独特个性。可这个小作者的精神面貌和个性气质，尤其让人觉得与众人不同。记得高一刚开学不久，我收上来他们写的第一篇周记。当时他们刚结束紧张的新生军训，虽然是快班的学生，但在周记里也几乎是千篇一律的苦、累、不适应，其中弥漫着的负面情绪让人心中堵塞。又翻开一本——扑面而来的是一抹光，一叶绿！无论是清秀隽丽的书写，还是从容老道的文风，都让人立刻爱不释手。"我已做好准备，做好准备勇往直前！今后的每一天都不会是虚度的一天，我不会等到春迟迟燕飞天涯，草萋萋少年人老，空余悔恨绿波东流。"这段流淌于一个少年内心的滚烫文字，让我以间接的方式对小作者有了初次了解。

这以后我知道了，每次考试都居于榜首的小作者，是班里的团支部书记，是全校文艺演出的最佳指挥，是学校和班级各项活动的积极策划者和组织者。更难得的是，这样一个永远面带微笑、阳光自信、行动力极强的女孩儿，不但有着善思善感的一面，还经常让自己的所思所感形成文字并保留下来。至于最后辑成一本书，呈献给广大的读者，这也是一件自然而然的事情。

这本书的五个部分，方便读者从各个方面去了解和认识小作者。第一部分是小作者自发的课外延伸写作内容，她对课文的学习，从来都不仅仅是学习，她与书中人物同呼吸、共经历。如果说我们的教学是要在每个学生心田里播下一粒种子，待其条件成熟之时破土发芽、开花结果，那么，小作者的心田是膏腴肥沃的。读这部分文字，一定会让你想起高中的一页页教材、一节节课堂。第二部分大多来自小作者每周一篇的周记写作，因为我们对周记的写作在内容上是不加限制的，所以学生们大多取材于眼前人、周边景、心底事，可以说，这一部分内容更于平常中见功夫。第三部分是高中应试作文的一小部分内容。不要小瞧了高中的议论文写作，在看似短小的"不少于800字"的篇幅里，很能体现出一个孩子的阅读能力、知识积累、驾驭文章的水平，至于判断力、思辨性以及价值观的考查更是不言而喻的。而这个孩子的应试作文每次都是年部的范文。第四部分是很文学的内容，正如小作者自己所云，她因为热爱周遭的一切，自然就有了对文字、文学独特的敏感性。其飞扬的思绪、优美的表达、不凡的个性，让人觉得后生可畏。第五部分是类似评述杂感的文字，小作者身居象牙塔，却放眼天下事，家国情怀滋生于内心，流淌于笔端。"无尽的远方无穷的人们都与我有关"（鲁迅语），小作者之谓也。小作者的写作风格是多样的，而且每一种都达到了让人仰视的高度。

英国作家毛姆在《人性的枷锁》中说："为什么当老师是世界上最有趣的工作呢？因为你总有机会能教到几个特别的学生，他们在你张嘴之前就知道你想说什么，和你心有灵犀，一点就通。"（"有趣"这个词用得很准，作者没说"有意义"。）小作者恰恰就是一个让我很有这种感觉的学生。佛祖拈花时，面对迦叶弟子那一个会心的微笑，我想佛祖当时内心一定是异样的。我们经常说教学相长，教有所长，师之幸事。小作者的内心有着明确而切实的目标，而且，随着时日的增加，这一目标越发清晰。

"当你一心一意希望得到某种东西时，就离世界之魂更近了。"（保罗·柯艾略）作为小作者的老师，我仿佛已看到一个迎风少年，正向着太阳升起的地方健行。

我想说：正因为你的执着和努力，世界为你让开一条宽敞明亮的大道。孩子，相信并祝福你！

是为序。

迟凤霞

2017年9月

（编者注：迟凤霞，吉林省通化县第七中学高级教师，吉林省骨干教师，吉林省语文学科带头人，通化市作家协会会员，出版专著《做一个守望者》，并在各级各类刊物上发表论文、散文多篇。）

目　录

第一章

课 堂 之 外

尼采曾说："每一个不曾起舞的日子都是对生命的辜负。"课堂之外，不拘泥于课本，不纠结于分数，有所感，有所思，终有所悟，有所得。这是与考试无关的"不务正业"，这是源于学习、生活的思考，这是发自内心的对知识的渴求，这是漫漫长路上的上下求索。

语文不是学科，是生活。

遇　见

"黄梅时节家家雨，青草池塘处处蛙。"

南方多雨的时节又到了。一向甚讨厌从早到晚的淅淅沥沥，那股子悲伤劲儿似要渗到骨子里。我倚在小屋的写字台边，点了一支烟：也不知是什么时候染上这恶习，或许是憧憬这种吞云吐雾之感吧。

天还是未晴，也懒得去点灯。本来就阴暗的弄堂愈发阴暗，青灰色的长衫上也盖着荫翳。

"出去走走吧。"我对自己说。

携了油纸伞，拂袖而去。

走入巷子里，一时竟不知走向何处。

窄窄的巷子蜿蜒向前，消失在雨雾中。两边的小楼面对面地伫立着，翘起的灰黑色楼檐滴着断了线的雨珠，脚下的大块石板在雨水的冲刷下闪着光，像是倒映的星辉。粉墙黛瓦间的小巷淋在雨中竟有一缕寂寥的美感，像是南方多情的女子将细眉轻轻描画。

平时熙攘的小巷竟变了模样。我暗笑：果然，像我这样有闲情的人儿少啊！

听到脚步声，我侧身回眸。

是个姑娘。

她打着把青碧色的伞，身着藕荷色的旗袍，将玲珑的身段修饰得似溪水般柔媚。"女人是为旗袍而生的。"我暗自叹道。

她渐渐走近，走近，我看清了她的容貌。

白皙的脸颊小巧精致，秀气的眉似淡淡远山，若有所思地蹙着，眼睛似两泓泛着波澜的盈盈秋水，红杏般的丹蔻朱唇像是名师大家精心描画上的。她算不上妖娆美丽，也没有玫瑰般炽热的深情。她是素气的，纯净的，像是湛蓝天空中掠过的一行归雁。

"青鸟不传云外信，丁香空结雨中愁。"我口中喃喃。

原来她是丁香，带着丁香般的忧伤。

深幽的雨巷里只有我和她，只有我的目光和她的忧愁。

她从我身旁走过的那一瞬间，秋水般的眼睛望向我，我从她浅棕色的瞳仁儿里看到了自己的模样。我急忙把目光掠过。不知怎的，我的心"嗵嗵"直跳，像是蛮汉在击鼓，像是此生都未曾这样跳过，我的脸烫得像是烤番薯。堂堂男儿怎能这样不争气！待我平复心情抬起头来，她已走远了，消失在婷婷袅袅的雨雾中。

我想去追赶，却又迈不开脚步。我的神志、我的灵魂都一股脑儿地被她的脚步牵走了！

什么是倾心？就是有一天你遇见一个人，忽然发现：自己的诗、画是为她而作，自己的灯是为她而长明，自己的寂寞是为她而等候。什么都不缺少，只等她的到来，什么都值得等待，为了与她的遇见。

可是她却走了，我却把她放走了，耳边只剩下雨巷凄凉的哭泣。

从此以后的每个雨天我都伫立巷口，撑着油纸伞。我从天亮等到天黑，我从雨中等到放晴。可是，我再也没有见到过她的身影，再也没有那丁香般的香气在雨中萦绕。

转眼，梅雨时节已快结束，石板路上的青苔热闹地冒出了头。

又下雨了，走入巷子里，一时竟不知走向何处。

世间多情的痴男怨女大多一生都在等一个人，一个自认为是对的人。可是最后？可是最后，可是最后……

我颓然地扔掉油纸伞，站在雨中。

南方的雨破天荒地下得愈来愈烈，像是对我的嘲弄。

忽然，一阵香气袭来。雨停了？可是外面怎么还在下？

我恍惚间抬头，发现姑娘站在我面前，巧笑倩兮，她青碧色的伞在我的头顶。

"姑……姑娘！我等你好久了！"一时情急语塞，话一出口，恐自己太不矜持，失了礼节。

姑娘先是一怔，忧愁了无踪影。

"姑娘，你别害怕，我……"

纤纤手指搭在我的唇上。

"我也是。"姑娘笑了。

深幽的雨巷里只有我和她，只有我的笑容和她的快乐。

于千万人之中，遇到你所要遇到的人，于千万年之中，在时间的无涯荒野中，没有早一步，也没有晚一步，刚巧赶上了，那也没有别的话好说，唯有轻轻地问一声："哦，你也在这里吗？"

写在后面：

我查阅了戴望舒写作《雨巷》的背景。《雨巷》写于1927年夏天，当时反动派对革命者的血腥屠杀，造成了笼罩全国的白色恐怖。戴望舒因曾参加进步活动不得不避居在松江的友人家中。

我对"姑娘"的含义有两种理解。

首先定是他在事业上，在革命道路上朦胧美好、可望而不可即的政治理想及追求。他内心的苦闷无处宣泄，只得幻化为雨雾中那个梦幻窈窕的背影。

其次，"姑娘"也许就是姑娘。

根据戴望舒的情感经历，1927年夏天在好友家避居时，他爱上了好友的妹妹施绛年。施绛年开朗活泼，不像戴望舒那样内心冲动又忧郁内向，二人性格上的差异造成感情上的不融洽。正值风华正茂的戴望舒虽在事业上遭遇了失败，却收获了久违的爱情，内心如干柴烈火一般。然而女孩的性格又与他迥然不同，他或许希望女孩像丁香一样散发清香，带些属于她的愁怨，更深入地走入他的世界中。那个诗中美丽又多愁的姑娘是否是他梦寐以求的理想伴侣呢？

"浮生看甚苦奔忙，盛席华筵终散场。"历史迈着沉重的脚步，已走出了太远太远，留给后人猜想的只有那半语一言。

前人仰望过的天空有多蔚蓝，苍白的纸面上已不能显现。只愿我们能以崇敬的心去欣赏，不让跨越时空的思绪飘得更远。

戴望舒，你好，我读了你的诗。

附：

雨　巷

戴望舒

撑着油纸伞，独自
彷徨在悠长、悠长
又寂寥的雨巷，
我希望逢着
一个丁香一样的
结着愁怨的姑娘。

她是有
丁香一样的颜色，
丁香一样的芬芳，
丁香一样的忧愁，
在雨中哀怨
哀怨又彷徨；

她彷徨在这寂寥的雨巷，
撑着油纸伞
像我一样，

像我一样地

默默彳亍着，

冷漠，凄清，又惆怅。

她静默地走近

走近，又投出

太息一般的眼光，

她飘过

像梦一般的，

像梦一般的凄婉迷茫。

像梦中飘过

一枝丁香的，

我身旁飘过这女郎；

她静默地远了，远了，

到了颓圮的篱墙，

走尽这雨巷。

在雨的哀曲里，

消了她的颜色，

散了她的芬芳，

消散了，甚至她的

太息般的眼光，

丁香般的惆怅。

撑着油纸伞，独自

彷徨在悠长，悠长

又寂寥的雨巷，

我希望飘过

一个丁香一样的

结着愁怨的姑娘。

《飘》的续写

瑞特不声不响地走了，在晨曦到来之前。他独自一人离开，什么也没有带走，留下的只有斯嘉丽和那富丽堂皇的大宅院。斯嘉丽有些恍惚，好像昨天什么都没有发生，又好像昨天她经历了比逃离亚特兰大更恐怖的噩梦。空旷的房屋里没有一个人，黑妈妈回到塔拉了，那些用人也在如此大的变故后纷纷逃离，孩子们在佩蒂姑妈那儿。这儿只有她自己——斯嘉丽·奥哈拉，似乎她再也不是那个尽享奢靡，万物皆可得于股掌之间的斯嘉丽·巴特勒了。这儿本是她的家，她缓缓走下楼去，她仿佛记不得她曾在这儿举行了那些纸醉金迷的宴会，她目光所及之处都有瑞特的身影。她曾在门口那块柔软的天鹅绒地毯上给远行归家的瑞特一个不太情愿的香吻，她曾在育儿室的门边含笑注视着三个小家伙揪着瑞特的小黑胡子，她曾站在那面落地的镶着金边的古典镜子前聆听着瑞特对她美丽容颜不怀好意的赞美，她曾坐在那餐桌的水晶吊灯下一边大快朵颐一边和瑞特不停地斗嘴！哦，瑞特，都是瑞特。她揉了揉太阳穴，她知道她曾希冀的未来已来临，她再也没有什么理由去逃避这一切，她必须，必须打起一百倍的精神，穿上那副坚不可摧的被称作坚强的盔甲，去向又一次玩弄她的生活发起挑战。

　　她安排完玫兰妮的葬礼，安慰了前来吊唁的一批又一批的人们。是啊，玫兰妮生前就是这样受尊敬、受爱戴。全亚特兰大的人都来过了，他们都还不敢相信，那个年轻的，善良的，在危急关头无比坚强的玫兰妮小姐，那个看起来瘦弱小巧，还像个小姑娘的玫兰妮小姐，那个为了组织妇女缝纫会、交谊舞俱乐部和图书协会而忙得热火朝天的玫兰妮小姐死了。死，是多么苍白无力却又令人痛彻心扉的字眼，尤其是对于斯嘉丽来说。

斯嘉丽的眼泪已经流干，是的，她快成为一个不会流泪的人了。在她短短的青春年华里，她都遭受了些什么啊？可是，她身体里流淌的血液永远不许她认输，直至生命耗尽。

阿希礼去了北方，去了他多少年前就应去的地方。斯嘉丽对于这个给了她太多幸福与不幸的男人的离去没有半点悲伤。因为她知道，她该让他走了，他该走了，他该离开这个承载了太多回忆、幸福与痛苦的是非之地，离开她纠缠不清的心。阿希礼该长大了，这么多年来，她和玫兰妮以及一切沾亲带故的人都小心地呵护着阿希礼，怕他被外界的邪恶、肮脏与污秽玷辱。在他们的心中，阿希礼应该永远与书籍、音乐、舞会、葡萄酒做伴。可是旧时代的美梦已经被无情的战火击碎，阿希礼只是个没落的贵族，现在连贵族也称不上了。斯嘉丽知道：从今以后，再没有人能庇护阿希礼了；从今以后，她再也不会渴求阿希礼的目光了；从今以后，从今以后，阿希礼要一个人走了。她望着阿希礼颀长的背影，竟莫名其妙地挥起了手，口中喃喃道："保重！"

斯嘉丽带着她的孩子们——韦德、埃拉，还有小博，回到了塔拉庄园，回到了让她魂牵梦萦的故土，回到了黑妈妈的怀抱，回到了杰拉尔德与埃伦的目光里。

威尔把塔拉庄园打理得井井有条、安静祥和，竟然又有了斯嘉丽年少时的模样。颜色绚丽的红土地一层层地向远处绵延，棉花正拼了命地生长，微风白露氤氲着四季的气息，青翠欲滴的绿树都穿着自己厚重的礼服。在这里，斯嘉丽的心得到了慰藉。

斯嘉丽穿起了塔夫绸的裙子，佩了美人蕉的香囊，她那双绿眼睛又明亮起来，碧波荡漾，柔情四溢。有一天她对着镜子端详自己，竟发现她眼神里那股野猫般的不羁已经不见了，她的眼神娴静得像两汪秋水。果然，浸润在塔拉庄园的美好与宁静中，她超脱了。她开始陪伴孩子们，像玫兰妮一样。韦德和埃拉终于燃起了他们本该有的对母亲的依赖。韦德已经成了一个小小男子汉，不再像以前那样怯弱，经常举着军刀立志要保护母亲和妹妹。埃拉是个安静的小姑娘，一点也没有斯嘉丽的顽皮和不守规矩。相反她十分善良，甚至会为了一只蚂蚁的死亡而伤心难过，竟有些玫兰妮的性情。还有那个始终与她无缘的孩子美蓝，她那双湛蓝湛蓝的眼睛总会在黑夜闯进斯嘉丽的脑海，她也总会把门厅的那盏小灯亮起来。美蓝长大后会是什么样子呢？一定比自己漂亮，或许也会像她父亲那样英气逼人。至于小博，斯嘉丽最开始总是不敢直视这个孩子，因为他太像他的父亲与母亲，总会勾起她的思念。可是，这种别样的感情，让她将对玫兰妮所有的歉意和爱都倾注到他的身上。小博经常带着孩童的愁绪问她："我的爸爸妈妈哪儿去了？"斯嘉丽总会爱抚着他那如他父亲般的金色头发，说："你的妈妈去天堂了，因为上帝见她太善良太可爱，所以要让她去帮助更多的人。你的父亲，嗯，他也很了不起，他过去在为我们南方人的尊严而战斗，而现在，他在为自己的尊严而战斗。"

不知不觉间，斯嘉丽发现自己越来越像埃伦了——那个她少女时期无比崇敬和最想成为的人，可惜她之前一直都没有做到。而现在，她每天和蔼地对待每一个人，虔诚地背诵着冗长的颂文，闲下来时就做着精致的刺绣活儿。当她走起路来，裙子款款摆动，一股微香随着她飘动。她渐渐地活成了她的母亲。她似乎也觉得她的人生轨迹与母亲竟有几分相似。至于瑞特·巴特勒，她知道她伤透了他的心，她之前的年轻气盛已被时间和生活消耗殆尽。她感觉自己没理由，没脸面再去找瑞特。可她心中也有小小的希冀，期望奇迹发生，期望迷失的人不再迷失，分离的人会再相逢。

傍晚，她站在塔拉庄园的门廊下，喊着去田间追土拨鼠的孩子们回家吃饭。静谧的暮色是她的帽檐，绚丽的晚霞是她的裙裾。她望着通向塔拉庄园的那条唯一的小路，思绪蹁跹。在那条路上，曾有多少人含笑骑马而来，而他们中有的是她生命中的过客，有的却就这样走进了她的心里。

她摇了摇脑袋，自己本不该想这么多的。孩子们疯跑着归来，她也正准备转身回屋去。

忽然，她听到一阵急促的马蹄声，紧接着是一连串坏坏的口哨声，那是一首很久以前的歌谣《绿衣服》。

她急忙转过身去，眼前的情景正如无数次在她的梦中漾洄的那样：一匹精壮的高头大马立在那儿，上面的主人穿着简约而不失奢华的缎边衬衫，一张海盗般棱角分明的黑脸带着不怀好意的笑。

而她，恰好穿着一身绿波如水的衣裙，正如她十六岁时那样。

在流浪的光阴中怅惘

——我眼中的孔子与老子

在孩提时代，别人家的孩子背诵"淡妆浓抹总相宜"之类的诗文的时候，父亲便让我背《老子》。一篇篇晦涩难懂的文言文成了我儿时的噩梦。"道可道，非常道。"这样的句子好像咒语，让人一眼望不到道路的尽头，只能在凌乱的风尘里独自伫立，听着飘在空中的回响。

父亲的初衷似乎是有些功利的，他听闻《老子》中的哲学思想对语文学习大有裨益，而《论语》似乎过于大众化和通俗。在他看来，《论语》似乎只是把人之常情文绉绉地表述出来，而《老子》中的玄妙之道才是高深莫测的。

就这样，诸子百家中我最先接触到的是老子。

最初我只是机械地背诵，但正如父亲期望的那样，随着年龄的增长，我渐渐理解了他的思想主张。在我的眼中，老子是一个不苟言笑、仙风道骨的白胡子老头。人们只能读出他似有似无的政治主张，却读不出他字里行间的悲喜。陆陆续续背了二三十篇，隐约觉得"无为"便是老子思想的最好概括。"不尚贤，使民不争，不贵难得之货，使民不为盗。"或许老子向往的是那种蒙昧的原始社会，为了治民而愚民。"虚其心，弱其志，实其腹，强其骨。"我想，一个社会若只以道家为主流思想的话，那进步发展则是一大难事。我读《老子》时，感觉他是冰冷的，严肃的，无欲无求的，为此我经常会发自内心地排斥，因为我的思想与"无为""不争"大相径庭。

孔子则不然。

人都有这种思维：越是受众人推崇的，越容易产生抵触情绪。正如我打一开始并不喜欢《论语》，觉得它没有《老子》高深精妙，上小学与初中时也只是机械地背些语录。但是通过高中的深入学习，我发现在《论语》中孔子是鲜活的，是有喜有悲、有血有肉的。他是一个慈祥可爱的老头儿，热情善良，会长吁，会愤慨，会莞尔，会悲伤。《论语》中的一些道理，看似寻常不过，乃人之常情，可莫不知，一句"人之常情"便是对《论语》价值的最大褒扬。因为它的精髓早已融入中华民族的血液里，潜移默化地影响着一代代华夏儿女。

我认为，老子在教统治者如何与百姓"相安无事"，他想让人老实本分地活着。而孔子是在呐喊，他想让神州大地上的所有人有情，有义，有尊严，有追求地活着。

我想，我骨子里是一个太"儒"的人，太热血，太进取。进取不免受伤，那老子的"上善若水"或许能让我归于清净。父亲当初让我背《老子》是有此种深意，还是歪打正着，我不得而知。然而那些背过的句子常常会在不经意间派上用场，那种惊喜与满足，就像是开在时光洪流里的花儿般斑斓。

老子也好，孔子也罢，他们的思想能流传下来，本身就是一种成功。然而哲人注定孤独，在通往真理的道路上，他们注定要独自朝圣。无论是那骑着黄牛，在落日、黄沙中西出函谷关的伶仃背影，还是那于川上感慨"逝者如斯夫"的寂寥身躯，他们都在用一生追寻一途光亮。纵使弟子三千，可知己者能有几人？纵使百姓千万，可懂己者又能有几人？孔子无言，老子沉默。

《老子》与《论语》的意义或在于，它能让千百年后的人们借着哲人的思想取暖，让灵魂的交流跨越纵横的时光玲玲作响。我们读他们，就是读自己。任何最坏的时代都是最好的时代。

岁月茕茕，光阴流浪。听，是谁在那历史的风尘里深深地怅惘?

从窦娥对天地的态度说开去

"地也，你不分好歹何为地！天也，你错勘贤愚枉做天！"窦娥的哀怨回荡在亘古的时空中。

这是窦娥对天地的控诉，也反映了窦娥对天地的态度。天地本无形，可在古人眼中，天地有如神明一般。那么世人对天地的态度应该如何? 于人而言，天地的意义何在?

"天地"是善人心中的度量衡，"鬼神"是恶人邪念的催化剂。

人如沧海一粟，苟活于天地之间，所以不自觉地对天地存有敬畏之情。然而，人们对于天地的态度不同，行为方式便不同，活法便不一样。出于一种敬畏，在做坏事时可"三思而后不行"。"怕报应""惧天谴"的这种心理又何尝不是禁区之外的警戒线呢? 善人之所以为善事，是因为他们有一把衡量自己行为的尺子，十分清楚自己什么该做，什么不该做。而除自制力极高的特例外，大多数人的这把尺子是对自己的尊重，对天地的敬畏，这也是善与恶之间的最后一道防线。

信仰是善行的标杆，狂纵是恶行的助跑器。

我们国家是社会主义国家，尊崇科学发展观，反对一切封建迷信活动，然而我认为，人是应该相信点什么，相信有些东西不能背弃。我并不是提倡封建迷信，而是认为人应该有信仰，就像人们对天地的敬畏一样，相信"善有善报，恶有恶报"。我们的外教曾经在课堂上讲过，在国外如果说自己没有信仰，别人会觉得非常不可思议，因为没有信仰是一件很可怕的事，这样的人通常灵魂不受约束，即便为所欲为，内心也不会受到谴责。近年新闻中报道的毒奶粉、黑心棉事件让人看着不寒而栗，我不禁想问：我们的国人怎么了？我们的国人不需要信仰吗？

总而言之，我们之于天地，天地之于我们，种种都源于我们内心的选择。窦娥的孝顺善良、坚贞不屈源自对天地的敬畏，可我们却不应把所有的不如人意归咎于天地，怨天尤人徒伤悲。对于天地，我们应保持敬畏之心，把它当成一把尺子，用以衡量灵魂的高度。

做善事，走正路，天地自在心间。

我谈王安石

王安石究竟是怎样的人？

在语文课本上，他是"墙角数枝梅，凌寒独自开"的诵梅者，是"春风又绿江南岸，明月何时照我还"的惆怅天涯客，是"不畏浮云遮望眼，自缘身在最高层"的志士。

然而，在林语堂所著的《苏东坡传》以及很多的历史记载中，他是衣衫肮脏、须发凌乱、仪表邋遢的怪人，还是刚愎自用、排斥劝诫的自大者，为推行新政而不顾人民死活的"实干家"，迫害同僚、清除异己的小人。

林语堂在《苏东坡传》中以相当的笔墨对这位"拗相公"进行介绍及描述，完全颠覆了我对王安石的印象，为此我也想阐述一下我的观点。

首先，王安石不是佞臣，但也不能说他是良臣。作为新政的主导者，他的出发点是好的，企图在北宋社会矛盾加剧的情况下推行"救国之策"，青苗法等都是从地方管理中获取的经验。但是他的错误在于为了推行新政而推行新政，抑或说是

"忘了初心"。当时"一人之下，万人之上"的他在权力欲的驱使下，盯着政绩，忘了百姓。"天变不足畏，祖宗不足法，人言不足恤"，这三不足是苏东坡的赠言，辛辣地概括出他人性上的弱点。读此书，会被王安石的愚昧气得咬牙切齿的。

其实王安石很"神奇"，他不贪财，不好色，一领到俸禄就交给兄弟们任意支配。所以说，一个纯粹的理想主义者是很可怕的。他们没有其他企图，面前只有"死路一条"，只能不遗余力地走下去，正如林语堂所说："个性坚强是一种很重要的美德，但是却需予以精确的说明：就是说坚强的个性是去用做什么事。"正因为如此，他最大的错误便在于过于坚定，认为一切劝诫皆是谬论，认为所有忠臣皆为"四凶"，于是想方设法地铲除异己，迫害了一群有胆有识的忠臣。

王安石是悲剧性的，他也导致了北宋的悲剧。他相信北宋的强盛是天意，而他王安石就是上应天命成此大业的人。"但是在后世的史学家的沉思默想中，此等上应天命的人，无一不动人几分伤感——永远是个困于雄心而不能自拔的人，成为自己梦想的牺牲者，自己的美梦发展扩张，而后破裂成浮光泡影，消失于虚无缥缈之中。"王安石的本意并不是倾覆王朝，但他的悲剧在于没有足够的才能来一统全局、上应天命，可他却如困兽一般，孤独愚昧地为不可能实现的目标而奋斗。

在历史前进、国家发展的进程中，需要"王安石"们的声音，需要有人对已有的局面进行改革，但更需要公正公开的监管体系。对于每一种新声音都给予包容，然后批判性地接受。这样人民的声音才能传出去，传到领导人的耳朵里，而不是像北宋的小门吏赵侠那样，几经挫折，被罢了官才将《难民图》交到皇帝手里。

世界像一场游戏，而我们需要过的关卡实在太多。我们的国家，在发展过程中会面临许多需要攻关的难题。我有时候竟萌发出一种"荒唐"的念头：放弃梦寐的"诗与远方"，而去整治现实中的"苟且"。

我想真正，真正地为国家、为人民做一点事，哪怕无法名传千古，哪怕舍弃光鲜靓丽，哪怕落得声名狼藉。

或许这些是无稽之谈，是一时冲动说出的豪言壮语，或许这些终会随着世俗的打磨而渐渐黯淡。但是无论我从事什么行业，身在何方，都要做对他人有帮助的事情。我要像电影《疯狂动物城》中的小兔子一样，满腔热血地喊着："Make the world a better place（让世界变得更好）！"

归去的抗争

——我们为什么要歌颂陶渊明

"归去来兮！"

一脚蹬着混沌官场，另一脚迈向大好河山。在是与非、进与退之间徘徊，陶渊明在呐喊。呐喊的对象是谁？是为唤醒麻木愚昧的世人，还是说服摇摆不定的自己？

揭开这个问题的答案，才能真正找到通往陶渊明的世界的路吧。

一谈到隐士、田园、菊花，可能你所想到的除了陶渊明便别无他人。是的，他辞官归隐，纵情山水之乐，他采菊东篱，闲赏南山之姿。他的诗作里都是草木、田景、雅情。于是世人有了这样的质疑：陶渊明不过是追求个人安逸的享乐者，一不为国，二不为百姓，我们为什么要歌颂陶渊明？就是啊，我们为什么要歌颂陶渊明？

我觉得陶渊明不是隐士，至少他不是一个称职的隐士。虽然他隐身田园，不问世俗，可他的心从未获得安稳。一个断了念想的人怎会在笔下一遍遍、一次次地重申自己的志向？也许"厌恶官场，热爱田园"只是他为麻醉自己而找的理由。

陶渊明真的放下了吗？

最干净的了断莫不过是最缠绵的羁绊。我猜他放不下，他放不下士人最基本的济世理想，他更无法忽视胸膛中那颗炽热跳动的心！"衣沾不足惜，但使愿无违"又如何？他的归隐抑或是一种"行为艺术"，他想用自己的退出来号召更多人加入，看清现实，绝地反击。

陶渊明的归去抑或不是逃避，而是一种最坚定的沉默抗争。这也许可以成为我们歌颂陶渊明的理由。

历史太过嘈杂，在时间、空间的交错中，有这样一只布谷鸟，它用生命唱着"不如归去"。

关于爱与死亡

——《摆渡人》与《忽然七日》书评

我看书从来都喜欢一气呵成，因为小说的情节太过连贯，难以中断。今天不过用了几小时，便将这本盛誉不断的《摆渡人》做了了结。其在主要情节的设定上与《忽然七日》太过相似。也许，爱与死亡是我们一生都无法解开的谜题吧。

主人公都是女孩，都是死人，不过又都没有死彻底，死因都是车祸，作者都是女性。两者有太多的共同点，却没有指向同一个终点，在此，我要对二者进行比较与辨析。

二者的最大差别，在我看来，是救赎与被救赎。

《忽然七日》中的萨姆是在七日的生死轮回中被救赎，她摆脱了荒淫混乱的高中生活，告别了苟且软弱的自己；而《摆渡人》里的迪伦是在生与死的荒原上救赎了自己的摆渡人崔斯坦。救赎与被救赎只是相对于小说的整体思想而言。在萨姆觉醒后，她以生命挽救了朱丽叶；而迪伦一直处于被崔斯坦救赎的状态下。当然两书的作者都企图以此为主题来救赎读者。

从故事的背景来看，《摆渡人》构造了一个虚空奇幻的世界，并试图在生与死——我们都不确定的未知上下定义，赋予自己想象与理解，在途经荒原的过程中谱出爱与勇气的赞歌。而《忽然七日》是女主人公一直在死前的那一天轮回，轮回了七次，可最后一次她未必能醒来。这七天都是在学校的生活，渐渐揭示出本质，像一层一层撕掉外衣，一步步接近事实，最终由结束引向起初，揭示一切的根源。那么就故事的深度来讲，《摆渡人》最精彩、最独特之处便在于其完全架空的情节设定。摆渡便是超度，通过具有宗教意味的情节设定让人思考生与死的本质。但最令人惋惜之处便是大处落笔，小处收笔，小说最终竟回归到了女主人公与摆渡人的爱情。也就是说女主人公迪伦最终因为爱情而逃离"彼岸"，不顾死亡（指魂飞魄散）的威胁，去寻找自己的摆渡人。结果二人走啊走，又从阴间走入了人世。我不想指责爱的不是，只是觉得如此庞大又超然的题材染了些烟火气，最终没有获得震慑人心的效果，实在可惜。抑或在这个"爱情泛滥"的年代，人们对爱情的过度渲染，以及影视文学作品对爱情的无休止解读，已经让人们产生了免疫，越泛滥即越庸常。而《忽然七日》在主题上明显略胜一筹。正如其所说"年少时候的张扬与轻狂，往往会变成生命中的错与伤""我们平凡却可贵的人生，错了不会再重来"。因为死亡，女主人公意识到自己生命里真正不可或缺的人，意识到自己的年少轻狂和幼稚可笑，意识到自己少不更事犯下的错误。七日中的每一日她的思想都在逐渐成熟，而在最后，畏惧死亡的她选择以自己的死亡挽救被伤害的朱丽叶。而本要自杀的朱丽叶正是那日冲上车道导致她死亡的人。这正是救赎与被救赎的交响。书中对主人公死亡刹那的心理描写也是十分深刻的。故《忽然七日》看似从小处落笔，最后却升华到无与伦比的高度，可以让你真正静下心来审视自己，过好每一天的生活。

此外《摆渡人》还有一点令我不甚欣赏，便是其对人物的刻化不够具体。我并没有看出迪伦的性格，灵魂上有哪些超出常人、分外高贵之处。那她是怎样吸引了徘徊千年的摆渡人？只因她面对死亡时表现出的一丝坦然？或许作者意识到了这一点，于是在行文过程中着力渲染她的美貌，绿眼睛，绿眼睛，绿眼睛！我只记住了这一点。而女主人公又是怎样爱上摆渡人的呢？也许是因为他是她在这一路上唯一遇到的"人"，又是蓝眼睛、金头发，有着十六七岁少年的俊朗模样。爱情的设定过于牵强。至于最后女主人公仅以友情的名义带领男主角逃出荒原，难道会成为一股不俗的清流？

无论是《摆渡人》还是《忽然七日》，无论是萨姆还是迪伦，我们都难以严格评判好与坏、对与错，因为我们本来就同真相隔了一道鸿沟。而当我们最终跨越之时，也是实在无法言说。

"我们与世界相知，我们与世界相蚀，我们必不辱使命，将以与众生相遇。"关于爱与死亡，我们应思考的远不止此。

我同样惧怕死亡，但我更喜欢用余华的一句话来安慰自己："死亡不是失去生命，而是走出了时间。"

初 访 边 城

老师让我们看《边城》。同桌问我是看书还是看电影。我毫不犹豫地回答："看书。"

书与电影，电影与书，我更坚信于从作家笔下流淌出的文字最接近故事的本来面貌，也更贴近纸张背后的那个人的心。电影，终归是艺术的二次创作，掺杂了个人的理解，甚至为迎合观众，更注重情节的发展。我相信一个个方块字才是砌成矗立不倒的"边城"的原料！

初访边城，初探那个水乡，说实话，当时心头便腾起一团绿雾，无悲无喜地飘荡。我有些茫然，竟不知除了这种凄婉的美感，文章要表达什么，是翠翠年轻而又脆弱的爱情？是摆渡人五十年如一日的坚守？是茶峒人的淳朴善良？是水乡人的生活风貌？好像都是，又好像都不是。读之前，同桌对我说："这是个悲伤的故事。"可是在我眼中，翠翠的等待并不悲伤，抑或是我心中有一个乐观却又荒唐的念头：二老会回来。终有一天，那个身姿颀长、外表俊朗的青年会撑着一弯小舟回来，而他悠扬的歌声拥抱着那炽热如火的目光。

再或如同桌所说："所有的爱情故事都是悲伤的。"

我画了一个翠翠，可我知道，她永远不是翠翠。电影的演员，也永远不是翠翠，翠翠只活在边城，她的眉眼只是清晰于沈从文的心底。

初访边城，步履匆匆，似乎没将其他的模样仔细端详。边城还是远方的一幔绿纱。我期待课堂上老师轻轻将它撩开。

透过纸张触摸

我心里好难受，好难受。这是一种窒息般的沉溺。

身边人总说我有两个特性：理性的时候超常地理性，感性的时候超常地感性。我看着一个人总会联想到某种动物，我望着来来往往的汽车能看出汽车的表情，我读书的时候能看见书中人物的一颦一笑。我从来不敢看鬼片，就连鬼片的海报也不敢看，因为仅看一眼，我就会在脑中编造出整个故事，吓坏自己！

就像刚才，就像上节课，我触摸到了大堰河！

我看到了她晨风中飘扬的碎发，我看到了她粗糙厚实的手掌，我看到了她望向乳儿时眼里兴奋的星光！听着老师放的朗诵，或深沉或高亢，配上凄婉的二胡曲。"大堰河，她含泪地去了！"此时此景，真的，我被震撼了，打动了。播放完毕，余音绕梁，大家开始讨论，我竟一时走不出那个情境，我的心脏像是有个千斤重的秤砣在压着，压着，让我喘不过气来。我竟听课也没了往日的积极。老师，对不起，我实在是不能把她当成冷冰冰的文字视若无睹，我感觉她是有血有肉地存活在我心里。

　　我触摸到了大堰河。

　　在喧闹的课间，我暂且抛弃了数学卷子，也无从顾及别人的进度赶在我前面。因为我知道，这种感觉——我走进了文学，文学也接纳了我——是无法复制的，也是冥冥中的相遇。我曾思考过文学作品带给我们的是什么，难道只是为了让我们积累好词好句？不，怎么可能呢？那抑或是启迪心灵，引发共鸣，触碰人们心中最柔软的角落？超越笔墨精致的浮华，我们收获的将远大于此。我想写出的当然是后者。

　　我想透过纸张触摸别人，也想有人能透过纸张触摸我。

附：

大堰河——我的保姆

艾青

大堰河，是我的保姆。

她的名字就是生她的村庄的名字，

她是童养媳，

大堰河，是我的保姆。

我是地主的儿子，

也是吃了大堰河的奶而长大了的

大堰河的儿子。

大堰河以养育我而养育她的家，

而我，是吃了你的奶而被养育了的，

大堰河啊，我的保姆。

大堰河，今天我看到雪使我想起了你：

你的被雪压着的草盖的坟墓，

你的关闭了的故居檐头的枯死的瓦菲，

你的被典押了的一丈平方的园地，

你的门前的长了青苔的石椅，

大堰河，今天我看到雪使我想起了你。

你用你厚大的手掌把我抱在怀里，抚摸我；

在你搭好了灶火之后，

在你拍去了围裙上的炭灰之后，

在你尝到饭已煮熟了之后，

在你把乌黑的酱碗放到乌黑的桌子上之后，

在你补好了儿子们的为山腰的荆棘扯破的衣服之后，

在你把小儿被柴刀砍伤了的手包好之后，

在你把夫儿们的衬衣上的虱子一颗颗的掐死之后，

在你拿起了今天的第一颗鸡蛋之后，

你用你厚大的手掌把我抱在怀里，抚摸我。

我是地主的儿子，

在我吃光了你大堰河的奶之后，

我被生我的父母领回到自己的家里。

啊，大堰河，你为什么要哭？

我做了生我的父母家里的新客了！

我摸着红漆雕花的家具，

我摸着父母的睡床上金色的花纹，

我呆呆地看着檐头的我不认得的"天伦叙乐"的匾,

我摸着新换上的衣服的丝的和贝壳的纽扣,

我看着母亲怀里的不熟识的妹妹,

我坐着油漆过的安了火钵的炕凳,

我吃着碾了三番的白米的饭,

但,我是这般忸怩不安!因为我

我做了生我的父母家里的新客了。

大堰河,为了生活,

在她流尽了她的乳汁之后,

她就开始用抱过我的两臂劳动了;

她含着笑,洗着我们的衣服,

她含着笑,提着菜篮到村边的结冰的池塘去,

她含着笑,切着冰屑悉索的萝卜,

她含着笑,用手掏着猪吃的麦糟,

她含着笑,扇着炖肉的炉子的火,

她含着笑,背了团箕到广场上去,

晒好那些大豆和小麦,

大堰河,为了生活,

在她流尽了她的乳液之后,

她就用抱过我的两臂,劳动了。

大堰河，深爱着她的乳儿；

在年节里，为了他，忙着切那冬米的糖，

为了他，常悄悄地走到村边的她的家里去，

为了他，走到她的身边叫一声"妈"，

大堰河，把他画的大红大绿的关云长

贴在灶边的墙上，

大堰河，会对她的邻居夸口赞美她的乳儿；

大堰河曾做了一个不能对人说的梦：

在梦里，她吃着她的乳儿的婚酒，

坐在辉煌的结彩的堂上，

而她的娇美的媳妇亲切的叫她"婆婆"！

大堰河，深爱着她的乳儿！

大堰河，在她的梦没有做醒的时候已死了。

她死时，乳儿不在她的旁侧，

她死时，平时打骂她的丈夫也为她流泪，

五个儿子，个个哭得很悲，

她死时，轻轻地呼着她的乳儿的名字，

大堰河，已死了，

她死时，乳儿不在她的旁侧。

大堰河，含泪的去了！

同着四十几年的人世生活的凌侮，

同着数不尽的奴隶的凄苦，

同着四块钱的棺材和几束稻草，

同着几尺长方的埋棺材的土地，

同着一手把的纸钱的灰，

大堰河，她含泪的去了。

这是大堰河所不知道的：

她的醉酒的丈夫已死去，

大儿做了土匪，

第二个死在炮火的烟里，

第三，第四，第五

在师傅和地主的叱骂声里过着日子。

而我，我是在写着给予这不公道的世界的咒语。

当我经了长长的漂泊回到故土时，

在山腰里，田野上，

兄弟们碰见时，是比六七年前更要亲密！

这，这是为你，静静地睡着的大堰河

所不知道的啊！

大堰河，今天，你的乳儿是在狱里，

写着一首呈给你的赞美诗，

呈给你黄土下紫色的灵魂，

呈给你拥抱过我的直伸着的手，

呈给你吻过我的唇，

呈给你泥黑的温柔的脸颜，

呈给你养育了我的乳房，

呈给你的儿子们，我的兄弟们，

呈给大地上一切的，

我的大堰河般的保姆和她们的儿子，

呈给爱我如爱她自己的儿子般的大堰河。

大堰河，

我是吃了你的奶而长大了的

你的儿子，

我敬你

爱你！

鸡汤怪谈

"你要明白，有些人不是赢在了起跑线上，而是生在了终点。"这句话是我在闲翻欣竹同学的积累本时看到的，觉得有点意思，便随手抄了下来，不知不觉间盯一会儿，便越发觉得有趣，想要写点什么。

乍一看，有那么点悲观的意味：赢在起跑线，至少还得一块儿奔向终点。哎哟喂！这下可好！人家生在了终点，一边吃奶一边看你气喘吁吁的。

可我怎么觉得，这句分明是励志语录啊。

终点意味着结束，刚开始便要结束，生则面向死亡，生在终点，又要往哪里去呢？生而为人注定要走一遭，可又要走到哪里去呢？

我说啊，人活着，要看差距，不能看绝对值。你生命伊始的层次是由父辈、祖辈，甚至一代代的先人奠定的，你奋斗一生可能都达不到有些人出生时的高度，但这又有什么呢？我们只关注你在世时上升的高度，只有在这个层面上，人与人才是公平的。你输在了起点，可你用一生创造了沿途的辉煌，他赢在了终点，可他只能欣赏整个世界的单调。

说得再好玩一点啊，人活着，就像打游戏，给你个大神级游戏号，你玩好了也不算有能耐，而能把一个0级号修炼到100级才是真功夫。反正都是活着，为什么不拼命搏一把，看看自己终究有多厉害，究竟能跑多远呢？

以上简单天真的看法，也是我一直想说的话，今天便借这个引子都一股脑倒出来了。

不知欣竹同学是怎么想的呢？改日与她聊聊。

回　　答

我在读书，有人问我："书好看吗？"我说："这里有物理书中的知识，涉及面很广。"他说："中国的学生是怎么了？读课外书不读自己喜欢的，只为了学习，非要强迫自己看，除了对考试有用之外，这还有什么益处？"

我无言以对。不是无话可说，而是或有千言。

首先，我读《时间简史》并不是功利性的，我没有抱有一种"因为教材中有所以我看""因为高考可能会考所以我学"的态度。我之所以看它，是因为一部电影——《万物理论》，其结尾就是霍金用他仅能活动的小拇指在语音合成器的键盘上打出"A Brief History of Time"。同时宇宙的深邃和神秘也将我吸引。我也是恰巧发现物理书涉及了这方面内容，我不是强迫自己将考试的内容当成自己的兴趣，而是对书本上的东西培养自己的兴趣，在现行的教育体制下，这是万全之策。

其次，我不是为了学习好而好好学习的，我的最终目标不是好成绩、好大学、好工作。我想成为我自己，但学习是必经途径。如果不好好学习，如果没考上好大学，就根本实现不了什么，这是现实的残酷之处。中国的高考就是千军万马过独木桥，被挤下去就会被淘汰。我爱幻想，也爱憧憬未来，但我必须接受现实，必须脚踏实地，否则我根本没有机会去做自己想做的事。

最后，我想说，我不是一个"书呆子"，我也不是"高分低能"，我之所以有昂扬的斗志和四溢的激情，是因为我热爱学习，热爱知识，喜欢不断地探索。世界十分奇妙，而自己又十分渺小。或许这样说太过冠冕堂皇，但如果可以带着喜悦踏上这段征程，我非常乐意。我不是要得多少分，也不想跟谁比成绩的高低，而是想要在这个世界上留下痕迹，想要成为我自己。学习是我实现梦想的唯一途径。我的生活中也并不只有学习，我爱诗、爱画、爱电影，想要鲜衣怒马地奔跑在青春里。

我没想到自己的一句无心之言竟触及了一个社会问题，我不是辩白，也不想解释什么。你的文字是你的观点，我的行为是我的独白。

引用三毛的一段话：“一个人至少拥有一个梦想，有一个理由去坚强。心若没有栖息的地方，到哪里都是流浪。”

希望你能明白。

缅　怀

早上刚关闭手机的闹铃，就被蹦出来的一条新闻吓了一跳：“百岁才女杨绛先生于凌晨离世。”

没有什么语言能描绘出此时身着睡裙、乱发蓬松、光着脚丫愣在地上的我的心情。我与这位老人不曾相识，也不曾谋面，但她笔下流淌出的文字却一直萦绕在我的心窝。她与我并不相识，但我与她已成旧交。我们总是以某种崇敬的情感提起她，甚至在几天前的课堂上，老师还曾讲到她。在这种时候，我们的心中总会觉得那位白发玓瓅、笑容和善的老人静静地坐在远方，编织着美好。她是存在的，她离我们是不远的，而今，她却走了。

杨绛或许是"才女"的最好诠释。病柏、阳台、喜鹊、书籍，谱写出她简约的晚年生活。丈夫和女儿的相继去世对她而言是多么大的打击啊！可她却茕茕孑立在世间，清丽地活着，替他们去看那未看完的世界。她在简居中不亦乐乎地专心治学，几乎婉拒了一切媒体的采访，一个人，二十年。我钦佩她内心的强大。

杨绛先生，给十七岁的我，乃至我七十多岁的爷爷奶奶，都带来心灵的启迪。吃早饭时，妈妈说，她在学生时代看《我们仨》曾感动到落泪。奶奶忆起杨绛婆婆对她的评价："上得了厅堂，下得了厨房；下水能游泳，上岸能跳跃。"爷爷说她最后几十年整理钱钟书的手稿贡献巨大！

到了学校，我翻开积累本，望着那句我上周六摘抄的她的话："我和谁都不争，和谁争我都不屑；我爱大自然，其次就是艺术；我双手烤着生命之火取暖，火萎了，我也准备走了。"

如今火是萎了，可她又在多少人心中播了多少火种？突然，我又觉得我不应伤悲，因为跨越二十多年的时光，他们一家三口终于可以团聚了。这条路，她一个人走得太久。我希望，在那个世界里，他们可以幸福得同花儿一样。

而我，以拙浅的文字，深深地缅怀。

放飞青春梦想　铸就祖国辉煌

——2015年纪念一二·九运动80周年演讲

尊敬的各位师长、同学们：

大家好！

我是一年十六班的李嘉盈，今天，我演讲的题目是《放飞青春梦想　铸就祖国辉煌》。

青春，是一个美好的字眼，每个人对于青春都有着不一样的理解。我想问大家："什么是青春？什么是梦想？"

有人说，青春是一条奔流的河，可以得到很多，也会失去很多。

有人说，青春是良辰美景，我们要学会肆意享乐、尽情挥霍。

有人说，青春是绚丽的梦，懵懂心事，欣喜哀愁，都会于心头飘落。

可是我说，青春不仅仅是飞扬的裙裾、芬芳的清泪，青春是一场旅行，是不懈的奋斗和炽热的梦想。

给大家讲一个发生在我奶奶身上的故事。姑姑移民澳洲后，七十岁的奶奶为了实现去国外走一走、看看的愿望，捧起了英语课本，在茶余饭后总是拿着小本背单词。每天我放学回来后奶奶都会问我单词的发音与用法。在奶奶的身上，我看到了青春的模样，看到了梦想的力量。我想起了诗人厄尔曼的一句话："青春不是生命的一个阶段，而是一种心态。"我想，连一个七十岁的老人都能坚持不懈地去为自己心中的理想奋斗，那青春年少的我们又何尝不能呢？

在八十年前的十二月九日，整个中国见证了青春的力量。广大青年学生的爱国运动掀起了全国人民抗日民主运动的新高潮，推动了抗日民族统一战线的建立。是他们怀着爱国激情与青春斗志，在国家的危亡时刻振臂高呼！是他们在民族生死攸关的关头热血横洒！是他们唤醒了民族的觉醒！是他们诠释了青春的真谛！祖国不会忘记，历史不会忘记，我们更不会忘记！作为新时代的高中生，我们应该像他们一样，洒青春热血，怀报国理想！我们应学习他们的精神，放飞青春梦想，争当国家栋梁！

梦想是马丁·路德·金在林肯雕像下的宣言："I have a dream！"梦想是中华民族的飞天梦，梦想还是实现中华民族伟大复兴的中国梦！

我们风华正茂，我们少年天骄。中国梦是国家的，是民族的，更是我们每一个人的。只有将个人奋斗融入时代洪流，只有将个人梦想熔铸成民族希望，我们的国家才会更加富强，我们的民族才会走向辉煌！

老师们，同学们，八十年的岁月既短暂又漫长。青春热血似火焰般炽烈，我们虔诚地守望历史长河。让我们在彼岸追忆，让我们在此岸起航，放飞青春梦想，铸就祖国辉煌！

美哉，我少年中国，与天不老！壮哉，我中国少年，与国无疆！

我的演讲完毕，谢谢大家！

美好在远方等你
——在东宝中学中考百日誓师大会上
作为优秀毕业生代表的发言

尊敬的各位领导、老师，亲爱的学弟、学妹们：

大家好！

我是2015届毕业生李嘉盈。很荣幸，也很高兴，今天能以一位"过来人"的身份在这个特殊的日子与大家分享自己的经验与体会，我有很多话想和我的母校东宝中学说，和各位学弟学妹说。

　　首先，我要感谢我的母校——东宝中学。在这里，我度过了美好又充实的三年时光，也给自己人生的一个阶段交上了一份满意的答卷。每一个东宝中学的毕业生都会因此而自豪——因为从东宝中学走出去的孩子，不是书呆子，而是全面发展的中学生。我还记得，在进入高中后的第一节课上，老师让大家做自我介绍时，每一位毕业于东宝中学的同学都有一句话："大家好，我是某某某，我来自东宝中学。"在这里学习，是我们共同的骄傲。那么我希望，今日我因是母校的学子而骄傲，明日母校为我而自豪！

　　距离中考还有一百天了。曾经我也像你一样，坐或站在台下，仰望着台上的人，就像仰望着未来的自己。在这段日夜奔忙的日子里，你或许会质疑："我为什么要学习？"今天在这里我也要问大家："你为什么要学习？"可能有同学会想：我也不知道，爸爸妈妈让我学的呗！还有人会说："我学习，就是将来要上个好大学，找个好工作，娶个好媳妇儿！"或许你说："我压根儿就不想学习，学习多没意思啊，我就是被逼的！"每一个人都会给出自己的回答。但是今天学姐说，学习是通向远方的唯一捷径，我们只有好好学习，才能去更好的地方，遇见更好的人。如果你想去看看广阔的世界，如果你想去品尝世界各地的美食，如果你想去看一场你喜欢的明星的演唱会，如果你想经历一场偶像剧中的爱情，那么你只能从今天开始努力。出生于一个小县城的我们本没有得天独厚的物质生活条件，在座的应该没有人有一个富可敌国的爸爸，那么我们怎么才能实现上述所有的梦想？只要熬过这一百天，战胜中考，以后同样战胜高考，你便可以去你想去的城市，实现任何你人生中期待的美好。一百天与一辈子，你会如何选择？

　　或许你会觉得，一切都太晚了，来不及了，撵不上了。但是学姐告诉你，一百天足可以创造任何一个奇迹，只要你从现在开始踏踏实实地努力。初中的学习与智力无关，只要你开始认真地听每一节课，做一题会一题，就一定能掌控自己的命运。学习是一件光荣的事，而每天不务正业、吊儿郎当才是真正可耻的。首先，你要相信自己。如果你喜欢打游戏，那说明你头脑反应能力超群，是天生学数理化的料儿；如果你愿意看小说、电视剧，那说明你对细节、情感的把握十分到位，学政治、历史、语文、英语都不在话下。问题是，你能不能把时间放在学习上。或许你还是不屑一顾，你觉得考上或考不上高中，你的人生都一样灿烂，那么今天我告诉你，不是这样的。当年我们班那个不相信老师的话而坚持退学的同学，在我们走入中考考场时在门外痛哭流涕。你只看到了他不受约束的洒脱，却没看到他在小餐馆里拣着盛满油污的盘子时的辛劳，而此时我们正在高中的五四会演中载歌载舞！

　　亲爱的学弟学妹们，请在这一百天里，与自己打个赌，看一看毫无保留的付出会得到怎样的成绩，你永远可以比你想的更努力。把学习当成乐趣，为知识的掌握而欣喜。你在学习的过程中会惊奇地发现，世界十分广阔，可自己十分渺小。那些熬夜背过的书，那些咬牙做过的卷子，都会熠熠生辉，成为推动你前行的力量。

　　亲爱的学弟学妹，我不奢求自己的只言片语会让你大彻大悟，但我希望以自己最真挚的劝诫，给你一丝触动。北岛曾说："生命的悲欢离合远在地平线以外，而眺望，是一种青春的姿态。"这一百天，或许就是你眺望地平线的窗口。

　　那么请你，请你们相信奋斗的力量，相信苦心人，天不负，三千越甲可吞吴！

　　我在七中等你，美好在远方等你。

　　最后，我祝学弟学妹们金榜题名，我祝母校再获佳绩！

第二章

青 春 蓊 郁 正 好

你认识我吗？这里有无数个我——乐观的，柔弱的，阳光的，矫情的。这里有我十几年来细细碎碎的生活——有我尾巴翘起来的得意，也有我眼泪溢出来的落魄。这里有飞扬的裙裾、芬芳的清泪。这里有一个女孩子一笔一笔描绘出来的纷至沓来的心绪，这里有青春路上最细腻最温柔的感怀，这里有一些平凡却不单薄的美好瞬间。

读过之后，也许你会想起学生时代那个穿着校服的傻傻的自己，在那些闷热聒噪的盛夏午后昏昏欲睡，粉笔细小的微尘在泻入教室的阳光下翻跹，飘落……

这里是我理想出发的地方

"柔情似水，佳期如梦。"五天的军训生活终于落下了帷幕，不知为何忽然唇边冒出了这句词。虽然有些不太恰当，但是这五天就这样不知不觉结束了。

记忆中新生报到之时一张张陌生或熟悉的面孔，都闪着憧憬和期待。我也是怀揣着满腔的热忱和些许的忐忑迈入高中的校园。报到，打扫卫生，排座位，紧张而忙碌。晚间大家坐在一起，放起了七中的校歌："这里是我理想出发的地方，这里是我梦想放飞的地方……"我心里想：这首歌真难唱，歌词也别别扭扭的。

接下来便是每天午后冒着夏日酷热的余烬军训。刺眼的阳光灼着每一寸皮肤，周围异常地闷热，我们就像置身于太上老君的炼丹炉中。可是大家都没有喊苦喊累，依旧认真地完成每一个动作，脸上镌着严肃认真的神情。我也不例外，争取把每个动作做到完美。看着身边的伙伴，我心中不自觉地赞叹：真不愧是理快班的同学们啊！我也第一次为身在这个集体而感到骄傲和自豪。在今天上午的队列广播操比赛中,我们每个动作都整齐到位,每个节拍都准确无误,每声口号都整齐嘹亮,我们十六班不负众望拿到了第一名!全班同学都沸腾了,我们欢笑着,尖叫着,我们的目标实现了!军训的汗流浃背难道不是值得的吗?我心中一下子涌出一种集体荣誉感:如果我们改变不了沙漠,那就努力让自己成为仙人掌,在无垠的风沙中接受阳光的洗礼,在汗水的浇灌下绽放自己的绚丽!

我们还学起了校歌,排起了合唱,一遍一遍地唱着"这里是我理想出发的地方……"随着高亢的旋律,同学们一起哼唱起来。昨天晚上,我们终于登上了舞台。我身为指挥,肩担重任不免紧张,但我相信我的同学们,相信自己多日来的努力练习。我绽开笑靥,示意同学们微笑起来。激昂的音乐声响起,我好像在音乐里找到了自己,手指、手腕灵活地上下翻飞,打着节拍。在歌声响起的那一刹那,绚丽的灯光倾泻在我们身上,我们心中流淌着旋律,脸上绽放着笑容。最后,大家用响亮的声音唱起"这里是我理想出发的地方",台下雷鸣般的掌声经久不息。

五天过去了,我们交上了一份完美的答卷,我似乎也对"这里是我理想出发的地方"有了更深的体会。

此时,怀揣理想的我已整装待发:我要考上一流高等学府!我要考上理想大学!我要努力!我要度过一段不悔的青春岁月！我对每一科都充满了兴趣，我对每一位老师都怀揣敬意，我觉得每一位同学都那样独特可爱。我已迫不及待，迫不及待以最饱满的精神状态迎接高中生活。我已做好准备，做好准备勇往直前！今后的每一天我都不会虚度，我不会等到春迟迟燕子天涯，草萋萋少年人老，空余悔恨绿波东流。我很喜欢的作家毕淑敏说过一番话："鞋与脚的力量，究竟谁的更大些？我想是脚。只见有磨穿了的鞋，没有磨薄了的脚。"这里是我理想出发的地方，此时正是我踏上征途之际。

　　每天早晨叫醒我的不是闹钟，而是梦想。

乐天派的一周

　　当拿起笔的那一刻，我希望能快乐地总结自己快乐的一周，以积极的心态回顾自己积极的生活。因为只有这样，才能阳光地去迎接未来的一周。

　　高中生活的第一周就这样"嗖"的一下结束了。在这一周里，我开始了九门课程的学习：数学课和集合做起了游戏，语文课与诗人隔空对话，英语课训练自己的舌头打弯，物理课和总爱做匀速直线运动的小车斗智斗勇，化学课和剧毒的四氯化碳打着交道，生物课研究生命系统的结构层次，历史课解读世袭制艳羡他人，政治课讨论啥叫商品。嘿，那边地理老师领着八大行星前来报到。每一科的学习都是丰富多彩的，也都让我充满期待。总结起来，自己的毛病就是不仔细，爱马虎，卷子上总出小错误。不行！要克服！

这一周，我吃惯了七中的食堂，踏上了七中的跑道，正式成为了七中的学生。总觉得有些恍惚，以前看从七中校门走出来的哥哥姐姐觉得他们好高大，好了不起。而如今我已十六岁了，我是高中生了，我走进了那所自己以前每天上学都会经过的学校。我再也不是那个梦中只有糖果和布娃娃的小女孩。川端康成说："人是不断地消失在过去里的。"未来三年，我知道自己应该做什么。我知道每个人都在努力，所以我得更努力。我知道青春不只是鲜衣怒马，也应勇闯天涯！

远行当有旅伴。在五六天的时间里，我和班里的同学们打成一片，性格爽朗的我交了好多朋友，我很喜欢我的同学们，因为他们每个人都有自己的闪光之处。当然我也有压力，在这个班级，哪个人不是怀揣理想、发奋刻苦？也许这对我来说，也是一种动力吧！

时光如平原走马，易放难收。既然是笑着开始，就要笑到最后。

每个人的心里都住着一位英雄

"是他，就是他！是他，就是他！少年英雄小哪吒……"

这样的开场白是不是有些熟悉？

追溯儿时，我发现自己真的是看了好多动画片，什么《小哪吒》《西游记》《黑猫警长》……那时，我羡慕小哪吒的年少骁勇，崇拜孙悟空的武艺高强，仰慕黑猫警长的机智勇敢。无一例外，他们在我心中都是英雄，而我，也梦想着成为一个威武神气、仗剑走天涯的女英雄。

然而英雄到底是什么人，英雄到底是干啥的，我却不知道，只是觉得，是英雄就很威风，是英雄就很神气，是英雄就可以得到好多人的赞美。随着年龄的增长，我越来越觉得这种单纯的想法可笑又不切实际，儿时眼中的那几个英雄形象也变得模糊起来，渐渐地消失了踪影。

难道我的英雄梦就这样破灭了？

直至有一天我打开电视，看到了电影《美国队长》。金发碧眼、高大俊朗的美国队长，一下子就抓住了我的少女心。他原本瘦弱矮小，几次申请入伍参加二战都被拒绝，可他怀有一颗坚定的爱国之心，还拥有比健硕的身体更宝贵的清醒理智的头脑。后来他参与基因改良实验，身体变得高大健硕起来，并且刀枪不入，带领美国人民奋勇征战。在最后的战役中，他俘获了敌军装载着导弹的飞机，为了守护国家的安全，竟毅然驾驶飞机撞击冰川，赴死神之约。故事并没有结束，七十年后人们发现了他并将他解冻，他又投入到了新的战斗之中。

无论你说故事出于幻想也好，太过荒谬也罢，我都深深爱上了这个角色，他成为我心中的英雄。现今科幻电影层出不穷，英雄都拥有越来越神奇的超能力，美国队长便显得略单薄些。他只有一腔赤诚和一面印着星条旗的盾牌，他只有一颗爱国心和一副击不垮的血肉之躯。他之所以被冠以"美国队长"的称号，是因为他不只是电影中的一个角色，更是一种精神的象征，一个国家和民族的榜样和力量。总之，他是英雄，是我心目中的英雄。

或许你没想到一个女孩心中竟有如此磅礴的英雄梦。我认为我自己是有一些英雄情结和浪漫主义想法的，或许只有这样才会为了梦想而赴汤蹈火吧。在生活中，当我帮助了别人，受到感谢时，我会感觉自己是一个英雄；当我做了认为值得的事时，我会感觉自己是一个英雄；当我对自己的行为满意时，我也会感觉自己是一个英雄。

我相信，每个人心里都住着一个英雄，不论你性别如何，不论你年龄大小，不论你富有或贫穷，不论你成功或失败。这个英雄呀，可能是真的英雄，也可能是你身边的人或者你自己。当我们受到挫折潸然落泪时，当我们面对重要抉择左右为难时，当我们遍体鳞伤走不下去时，我们或许会想起我们心里的那个英雄，我们或许会发现我们自己就是英雄。这时我们便可以擦干泪，站起来，像个英雄一样头也不回地踏着大步走下去。

每个人心里都住着一个英雄，每个人都是自己的英雄。

当 你 老 了

"当你老了，头发白了，睡意昏沉……"

四方的屋子，四方的桌子，他们像学生一样，一桌四人坐好，有的摆好了自己的餐具，有的只是在静坐等待。他们的脸上刻着深深的纹路，他们头发被岁月浸染得花白。他们在含糊不清地闲聊，他们在颤颤巍巍地比画，这不大的空间被烘托得如他们的年龄一样厚重、深沉。这儿是都岭老年公寓的食堂，他们是一群八九十岁的老人。

我央求姥爷带我来这家他教唱歌的敬老院，想做些自己力所能及的事，也想看一看他们的生活。于是，这天中午我便有了为老人发餐盘、盛饭菜的工作。我推着餐车站在食堂门口，突然有些敬畏，不敢进入。青春与苍老正是一对反义词，而我要以我的青春去反衬他们的苍老，不忍心。此时，另一位阿姨催促我和她一起进去。当我走入老人们中间时，他们关注的目光纷纷投来。"你，你是新来的吗？"一位爷爷碰了碰我的胳膊。我笑着说："不是，我是七中学生，我是来社会实践的。"他立即投来赞许的目光，动了动干瘪的嘴唇："好，好！"然后我便听到了碎声的议论："哟，这是个学生！""来这儿干吗呀？""说是什么社会实践……"我推着餐车，问爷爷奶奶："您是要干粮还是米饭？"一位满头银丝的奶奶还没回答就问我："这姑娘多大了？"我脆声回答："十六！""哟，十六长这么高啊，真好！"我看见她眼中蜜糖似的疼爱像是要流淌出来，看样子她很想把我拉入怀中与我亲近。或许，她也有一个我这样大小的孙女。我推着餐车穿梭于餐桌之间，一直绽开灿烂的笑靥，问那句相同的话。他们中有的能清楚地回答，有的从喉咙里发出难以辨别的嘶哑声音，有的只是目光呆滞地待在那儿，毫无反应。每次我将干粮或餐盘递给他们时，他们树皮般枯黄的手和我的手一碰触，那画面都会刺得我双眼生疼。难道这就是生命的交接与更替？

我踏着沉重的步子走入后厨。

"多少人曾爱你青春欢畅的时辰，爱慕你的美丽，假意或真心，只有一个人还爱你虔诚的灵魂，爱你苍老的脸上的皱纹……"

我忽然想起了这首由叶芝的诗改编的歌曲。

食堂的老人开始吃饭，一位老人颤颤巍巍地拿着筷子去夹一块鸡肉，一夹没夹上，再夹又没夹上。他怅然地摇摇头，眼里的光彩黯淡下来，转而去喝清淡如水的小白菜汤，可是他的嘴就像不听使唤似的，汤汁从他的嘴角流下来，顺着脸颊上的沟壑滴落。

他们怎么如此苍老，像是历经百年沧桑的大树枯萎得仅存一线生机。可是，他们也曾年轻过，也曾像我们一样年轻，也曾像我们一样奔跑嬉闹着，也曾有过像我们一样飞扬的裙裾、芬芳的清泪、无人知晓的懵懂心事。可是岁月使他们的青丝镀雪，时间夺走了他们的韶华，往事在他们的脸上留下印记。他们现在生活在老年公寓里，安详而又平和，可我不知他们是否快乐。在中国人的传统观念里，与子女儿孙在一起才可以享受天伦之乐，提到"敬老院"不免让人感觉凄凉与辛酸。看到他们，我的心里像被刀绞一样地痛。我十分不解：为什么他们的子女不能接他们回家，像他们呵护年幼的自己一样呵护年迈的他们？为什么他们的子女不能像歌词中写的那样，爱他们脸上苍老的皱纹？难道他们的子女忍心让他们在养老院中眺望生命的尽头，打发余生？

然而我不能臆断，这里或有苦衷，或有千言。

我突然意识到：有一天我的爷爷、奶奶、姥姥、姥爷也会这么老，也会走不动路，说不清楚话，吃饭会掉渣，甚至认不出我来，我简直不敢去想。可到那时，我能否以耐心和包容，关怀与敬爱去对待他们呢？

我想我会的。

总有一天，我也会那么老。总有一天，我也会成为一个满头银丝、满脸皱纹的老太太，那时的我会有怎样的心境呢？那时的我会回忆些什么呢？那时的我会想起现在的我吗？

我希望那时的我还能有清晰的头脑、良好的胃口、烂漫的幻想。

时间匆匆而过，走时我告诉院长，如果院里要搞活动，我可以来，我可以带我的同学们来。

走到大门口，我看到一个老人孤单地搬着小凳坐在院门边。我问院长："伯伯这是怎么回事？"院长说："哦，他女儿说晚上要来看他。"

我走了，回眸之间望见那个佝偻的身影落寞地倚在院门边，投下瘦弱的影子，他的目光紧锁着那条唯一通向此地的公路，漾着难以湮灭的欣喜。

此时正午刚过。

雪 夜 随 笔

2015年的第一场雪，落在今夜。

或说也不是真正意义上的雪，只是凝结而成的小冰晶，可是这却昭示着，那场梦中的大雪已不远了。

晚自习，清脆的铃声如释重负地响起，同学们三三两两地结伴走出教室，片刻之后教室便陷入潭水般的沉寂，我坐在座位上低头做着数学卷子，不经意间一句莫名的话钻入耳朵，"下雪了吧"，在我心中激起小小的涟漪。是雪来了吗？教室里还是像平常一样，没有欢呼，没有雀跃，也没有星星点点的兴奋。我趴在桌边，透过反光的玻璃使劲儿张望，却难以辨认是雨是雪，于是携了围巾，漫步下楼去。

一簇簇冰凉绽在额头、眉间。我伸出袖子，想接住从天而降的小精灵，可它们一飘落至手心便消失无迹，只留下淡淡的水痕，染着难看的灰色。

这在北国也叫雪吗？我伫立在操场上，望着如墨的天空，望着教学楼璀璨的灯光，望着我自己，对自己说："你看啊，又下雪了。"

2012年的雪下在10月22日。

那时我刚刚步入初中，坐在第四排，刚好临着窗边。当时在上自习，我闲看窗外，忽然发现雪洋洋洒洒地下起来了。我心中对新班级排斥无比，便借景抒情，写了篇怀念小学的东西，写了2011年的冬天，2010年的冬天，我所能记住的冬天。我还写了小学同学喊我出去玩雪的经历，还略抒情了一番："身边人早已换，耳畔语未离开。"

现在想来，这句话别有一番味道。

那一年，我十三岁。

2013年的雪下在10月25日。

初中二年级了。下语文课时忽然发现雪下了起来，全班同学便一起笑着闹着去赏雪。她拉着我冲进皑皑的雪地里，我戴着火红的毛线围巾，我们疯啊，跑啊，闹啊，仰头望着漫天大雪肆意飘洒下来，躺在绵软的雪地上安静地笑着。她的手紧紧地握着我的手，她的目光在我的眸子中闪烁。我们无知无欲，我们尽兴尽欢。上课铃声响了，我说："我们逃课吧。"她说了句"不行"便拉着我向四楼奔去，我们的喘息声与楼梯扶手叮叮当当的声音相互碰撞。在老师进来之前，我们已在座位上坐好，她与我相视而笑。

那一年，我们十四岁。

2014年的雪下在11月12日。

我巧合般地又坐在窗边同一个位置上，小马老师正在领着大家填物理实验报告册。我张狂地把手伸到窗外，感受室外的温度，展望自己所剩不多的初中生活，感受中考提上日程的最后六个月的紧张气氛。我又写了很多随笔，伴随着窗棂上冰晶的融化、滴落，我想着那昨日，想着那明天，想着奇妙的因缘际会，想着不久后的物是人非。

那一年我十五岁。

2015年的雪下在今日，下在十六岁我的今日。

晚自习上，我把卷子丢到一边，记录下我的连绵思绪。

不知不觉，我已走到了现在。

记忆总是太细微，真实得让人不敢相信。时间就这样流逝着，可记忆还搅和在脑子里，一经触碰便立刻鲜活真实起来。我上了高中。我十六岁了。高中的第一次考试刚过去没多久，身旁就换了一拨人。我又在一个雪天里，对着纸，拿着笔。

我很庆幸，庆幸自己能在白驹过隙的青春里留下这些文字，供自己去端详曾经的自己，去揣摩过往的心事。初雪，我少年时期一共能看几次，我一生中又能见几回？陪我看雪的人到最后仍停留在我身边的能有几个？

珍惜吧，十六岁的雪只下一次。

我希望自己能岁岁如今日，年年有此时，让如花儿般片刻绽放的感绪开在时光的洪流里。

望窗外，黑夜无言，落雪有声。

不过是今天

今天，是2016年7月26日。今天，是你来长春的第二天，你要开始面对一段陌生的日子。

上午去上口语课，大家用英文展开辩论，辩题是《我们应不应该用微信》，你与Hnna、Santiago几人一组，配合得好棒，列出了十条观点，弄得对方辩友都想叛变了。

中午你自己找到了一家李先生牛肉面，要了一份咖喱牛肉饭，好像味道一般。你在那儿背了会儿课文，又赶着去上下午的课。你好喜欢这种上课的节奏啊，就像饥腹的人终于可以饱餐一顿了。放学时，有个小女孩向老师请假，因为她明天过生日，老师说这是个大事儿啊，生日可得好好过。大家都走了，只剩下你和克菁老师，你告诉了她自己的秘密，今天也是你第一次向人提起。

克菁老师对你说："你是个有福的孩子。"

你有些纳闷，问老师为何这样讲。

克菁老师反过来问你："你现在幸福吗？"

你用力地点了点头。

她说："你会一直这样幸福下去。"

你笑得那样开心，心里那样温暖。

晚上你与妈妈、小舅去逛万达商场，你用自己的钱给小伙伴们买了礼物，你们去吃了大餐，小舅还给你买了裙子。

现在，你趴在宾馆的床上写着明天要在口语课上交流的影片观后感，回想着今天。你忽然发现心里有一种前所未有的满足感。

以前的你认为今天是最与众不同的一天，期望值飞上了天际，却总是无法称心如意，而现在你只把今天当成今天来过。所以无论过去多么惊喜都不算惊喜，无论今天多么平凡也都不算平凡。可能是因为你又成长了。

你忘记许愿了，不过你始终期望家人平安喜乐，自己心想事成，同时你期望遇见更美好的自己。

一看表，已经过了午夜十二点。今天已成昨日，真正的今天已经不属于你了。

你笑了笑，希望能与十七岁有最美的相遇。

你起身关了灯，轻轻地，怕弄醒熟睡的妈妈。

你平躺在一湾漆黑当中，迟迟不愿合上眼睑。

你嘴唇轻启："生日快乐。"

得人喜欢　得己欢喜

最近，傅园慧的采访视频红遍网络，她也以"洪荒少女"之名被大家喜欢得不行，连这期的《新闻周刊》上都有她的身影。

我想，一个二十岁的姑娘，能达到让几乎每一个国民都熟识的程度，是多么大的壮举啊！多少人苦心孤诣，却也只能一辈子默默无闻。而我不禁想了起来：自己到了二十岁，会不会还在路上？

我又开始想：为什么她那么受人喜欢？怎样才能那么受人

喜欢呢？做怪态？讲段子？不行，我做不来。可是傅园慧说，她不懂人们为什么喜欢她，她只是平常的自己罢了。

原来人们喜欢的是她不在意别人喜不喜欢、别人怎么看的洒脱和自然。

人们喜欢的是她本身啊！

我从小到大都想做一个受人喜欢的孩子。因为受一些人喜欢，所以总想受所有人喜欢——受爸爸妈妈喜欢，受老师喜欢，受同学喜欢，甚至连同学的妈妈也喜欢。渐渐地，我给自己定了个标准，铸了个"如何做才能受人喜欢"的模子，生生地把自己禁锢住，自己任何随意的成长都会撞上冰冷的铜墙铁壁。

我有时会担心自己被老师大加表扬时，同学们会因心生妒意而疏远自己，于是我告诫自己，不要抢着去回答问题，自己会了即可。可是我又往往忍受不了老师炽热的目光，一时心急嘴快地答了出来，回想起来竟想责备自己。往深了想想，被老师表扬后高兴的心理，怕同学们怎样怎样的心理，都说明我太在意别人的目光，太在意别人的评价。我想劝自己不必强求，不必讨得四面八方都满意，不必做得尽善尽美，这样太累了，其实并没有太多人关注自己。

想要受人喜欢不是坏事，这起码可以激励我们追求美好。但是在受人喜欢前，要先让自己喜欢自己，若为了获得他人的喜欢而舍弃原本的自己，那便失去了自己存在的意义。我们应该尽量保留完整的自己，这样的自己不那么受人喜欢也好呀，因为我们终会发现其实自己喜欢的只是受人喜欢的感觉。

本来消极的自己被积极的自己劝服了，却又有些自相矛盾。或许，这就是青春期的一种追求受人肯定的虚荣心在作祟吧！但基本准则是：得人喜欢，得己欢喜。

傅园慧在一次采访中说道："做任何事情，若不快乐的话，就没有任何意义了。"

一 个 友 人

我有一个友人，我们算不上熟络。

在我的印象里，我们好像相识许多年，但许多年中，我们只是相识而已，见面时会很亲热，开玩笑时会很洒脱，聊天时偶尔也会聊得很深刻。

她是一个特立独行的人，至少在我看来，她可以风风火火，随心所欲，也可以蹙眉深思，散发文艺女青年的光芒。我们是因文学联系在一起的。她是个热爱文学的人，我亦然，或说，很多时候是我听她讲文学、谈梦想。我们一起在画室消磨下午的时光，谈论老师的严厉与可爱，静赏下午三点钟阳光笼罩在静物上的弧度。

那时候总觉得她懂得很多，她告诉我博尔赫斯、里尔克等一连串我没听说过的名字，她带我看了《萌芽》，帮我向《新概念作文》投稿，不过有点可惜，始终都没有入选。我敬佩她的勇气，敬佩她把梦想喊得那样大声，也羡慕她活得那么坦率与真诚。我们在很多方面十分相似，可又不尽相同，譬如她是个理想主义者，而我是个不纯粹的理想主义者。2013年或是2014年的秋天我曾给她写了一段文字，而她也以信回我，或许就是那时我们发现自己在对方的眼里都过于高大，而我们向往的又都是自己无法拥有的东西。

今夜，我读着她的笔记，惊诧地发现好多她写过的、表达过的，亦是我想写的或想表达的。我们都过于惧怕死亡，我们都想在这个世界上留下痕迹。她是个多情的女子，外表大大咧咧，内心却柔软敏感得一塌糊涂。她是孤独的，纵然时常欢闹嬉戏——每一个理想主义者都是孤独的。希望不是我太过自信，认为自己能看懂她的文字与悲喜。

她要写玄幻小说，她要当编剧、当导演，而我头一次将自己不敢宣扬、不敢追求的梦想寄托在另一个人的梦想之上，这是一种悲哀。但我总相信，以她的性情，哪怕破釜沉舟，走遍万水千山，她都会寻上梦想的骏马，仗剑走天涯。或者说我们是相见恨晚，但我们似乎很难陪伴对方走完生命中最为重要的一程。无论如何，我始终相信：在未来某个阳光明媚的日子写信给她，仍会收到最炽热的回音；某一天我们路过对方所在的城市，仍可以一起就着烈酒谈论着彼此的梦想与青春。

此时正好是2016年的尾巴，我们同处于一个空旷而又吵闹的教室，听着老师训导，眺望着远方的路途。《萌芽》早已改版，新概念作文大赛还有19天截稿，我突然涌出再搏一次的冲动。我们昨天一起补课，还每人吃了一个超大的鸡蛋饼。

不知是不是巧合，我们积累本的封面很相似，我的上面是星星，她的上面是月亮。再或许，我们都是宇宙洒落的星辰，在彼此的光芒吸引下，在广袤的世界里相遇。

那么，让我们重新认识一下吧！

"你好，认识你很高兴。"

做一只柔软的刺猬

我曾猜想，地球上的亿万个生物中，会不会有一只柔软的刺猬？它将尖锐的刺朝向同伴，却以全部的力气刺向黑暗，刺向不公，刺向愚昧。而它尖刺的下面，是一团柔软。尖刺，是对抗黑暗的铠甲；而柔软，是期待美好的羽翼。

若有这样一只刺猬，便可能是我。

不知为何，我对一切的不平、不合理都有着试图反抗的执念。图书馆的灯年久失修，我会去提醒工作人员更换；小区改造时工人把下水管道封死，我会打县长热线投诉；教室里昏暗无比，我会去把灯打开。还有今晚，晚自习时班上响起了此起彼伏的撕卷子声，我放下笔告诉大家："请大家下课再撕，别影响其他同学学习。"我不理解图书馆里的学习者竟然对设施的故障视若无睹；我不理解小区居民站在根本无法使用的地漏旁还能谈笑风生；我不理解教室的昏暗中沉溺的一副副躯壳始终不为所动；我不理解一些同学心安理得地撕着卷子，而其他同学却在噪声中默不作声。

在遇到"不对"时，我首先想的是怎么解决，怎么改变，而不是怎么适应，怎么妥协，怎么忍气吞声。我越来越疑惑：是他人与我不一样，还是我与他人不同？我的反抗是"人间正道"吗？抑或他人的妥协是历经沧桑的无奈之举？我一次又一次地以尖刺为铠甲，渴望刺透黑暗，结果伤的却是柔软的自己。

"多管闲事。""小题大做。""标新立异。""有病。"我话音刚落，便有人以更加响亮和清脆的撕裂声来回应我。

我知道自己就像一个小偷村中的诚实者，在黑夜里独自徘徊；我知道在世俗的铰链下，"另类"就是犯罪；我知道人们永远不会拥抱一只刺猬。

可是中国人，所有的人，要一直沉默下去吗？面对外敌入侵，难道我们不抵抗，甘愿被屠杀？面对民族权益受到侵害，难道我们不反抗，选择默默忍受？鲁迅先生的观点在今日恐怕行不通：即使铁笼子里有一个清醒者也无法叫醒其他人，因为他们闭着眼睛，都在假寐。

韩国电影《熔炉》中有一句话："我们一路奋战，不是为了改变世界，而是为了不让世界改变我们。"我也怕世俗的眼光会让我的刺变钝，会让我的心变硬，但我会时刻告诉自己，不要被这个世界改变，而要去改变这个世界。

我相信，在这颗蓝色星球上，会有同我一样的生物。我们的手臂连起来，就是一条奔涌的河流！我们的柔软汇聚起来，就会让理想不再虚幻！我们的刺集中起来，就会成为刺透黑暗、驱散阴霾的力量。

我的刺挺立着，我要迎战黑暗，不惧路遥马亡。

我的心柔软着，我要拥抱美好，追逐吻昕光亮。

面时质疑，我只能如《莫扎特传》中所说："凹间都是庸才，我宽恕你们的罪。"我永远是那只踟蹰前行的、倔强的、柔软的刺猬。

走远的年味

记忆在脑中潆洄，勾勒出一抹窈窕的倩影，身着喜庆的红袄。那是儿时关于"年"的记忆，那是熟悉而又陌生的年味。她走近，走近……

儿时的春节是这样的。眼巴巴地盯着日历，掰着手指数着日子，拽着大人的衣角满怀憧憬地问："什么时候过年呀？""过年！过年！"心中像有一只翻腾的小兽在叫嚣。过年呢，就可以穿新衣服了，就可以吃平日里被禁的零食了，就可以随便喝饮料了。还有，一大家子人聚在一起说说笑笑，唠着家常，打着扑克，玩着麻将……过年那几天呀，空气中都洋溢着喜庆的气息。到了除夕那天，我还可以和弟弟肆意地玩闹，撑着眼皮守岁。十二点的钟声敲响，窗外便绽出绚烂的烟花，在如墨的夜空中分外醒目，点燃了孩童的梦想。那时的春节，是我一年当中最期盼的日子，也是我一年当中最高兴的一天。

可是，一切似乎都变了。

今年的春节，在不经意间就来到了。"什么？明天就过年了？"诧异之间竟觉得这年来得毫无征兆，竟没了曾经让我心血沸腾的年味儿。街上也像以前春节时那样张灯结彩、热热闹闹，可就是感觉少了点儿什么。我想，我失去的应该是时光，是岁月吧。以前，不是过年，不可能有新衣服穿；不是过年，不可能大快朵颐地品尝山珍海味；不是过年，不可能熬夜，必须按点睡觉；不是过年，不可能肆意欢闹；不是过年……过去的春节，是一年中狂欢的日子，是被赋予特殊意义的日子，这一天的一切都是同其他364天不同的。在现如今这个物质极度丰富的时代，过年时从事的一些活动早已没有了独特之处，也没有了让人期盼之感。而我们在物欲横流中也丢失了那份最纯真的期盼，丢失了那份最简单的快乐。年味愈来愈淡，而搜寻年味是一种情结，是一种根植于中华民族血脉中的基因。

我们的春节哪儿去了？我们的年味哪儿去了？过去的我们哪儿去了？

今年春节姑姑一家没回来，妈妈做了一桌子菜，我们一家五口却吃不动。爷爷奶奶七十岁了，早没有了年轻人的欢腾劲儿；爸爸妈妈各捧手机抢红包，发祝福微信；而我孤单地看着春晚。

窗外的鞭炮声稀稀落落地响了起来，我透过窗户看着没有绚丽烟花点缀的漆黑夜空，努力从回忆深处寻找慰藉。可挥一挥衣袖，那令我魂牵梦萦的年味，在时代发展、社会进步的喧嚣中渐渐远去了。

人间最美是偶然

我问你："人间最美的是什么？"

你回答："是美景，是美人！是顾盼生姿的少女，是布拉格街头的笛声，是瑞典夜空的极光，是百花盛开的峡谷，是湛蓝深邃的海洋……"

我摇摇头。人间最美的，是偶然接收到的阳光，是无意中嗅到的芬芳，是在布拉格街头闲逛时恰巧听到的笛声，是在夜晚不经意地回眸时恰巧望见的极光，是你偶然捕捉到的少女顾盼的目光，而恰巧她也望向你。

"所以，"我说，"人间最美是偶然。"

在浩瀚无边的宇宙里，因缘际会，总有一些事情在冥冥中有所安排，而刚刚好便是偶然。偶然间买到了渴望已久的书，偶然间在人群中捕捉到了那个让自己魂牵梦萦的面孔，偶然间在回家时有人帮你开门，偶然间看见一个小朋友对你笑。生活中总是有这样那样的巧合。上初中时，有一次我的一本作文被老师当废纸卖掉了，我伤心地哭了好久，可没想到一个星期后语文科代表递给我一个熟悉的本子。原来，她路过废品收购站时偶然间瞥了一眼，竟发现了我的作文本！我觉得这真是太神奇了！我难以解释其中的奥秘，抑或恰巧就是偶然，偶然就是惊喜，惊喜给我们生活制造一个又一个奇迹！

我相信发生在我们身边的偶然并不偶然，我相信每一个偶然都是为我们量身定制的礼物，独一无二，无可取代。在广袤的宇宙间，在无数个星系里，在亿万个星球上，我们相识相知，这是不是偶然？这是不是奇迹？只有善于发现身边的偶然，我们才可以意识到一切平凡都不平凡，一切普通都不普通，一切都那样美，一切都值得珍惜。

我又想起了张爱玲的一段话："于千万人之中遇到你所要遇到的人，于千万年之中，在时间无涯的荒野中，没有早一步，也没有晚一步，刚好赶上了，那也没有别的话好说，唯有轻轻地问一声，'噢，你也在这里吗？'"

你如梦初醒，说："我知道了，人间最美是偶然，偶然是我们的相遇。"

一　瞬

刚才的事发生在一瞬之间，却漫长得像一个世纪。

我们上了船便感觉船体颠簸得特别厉害，和来时的平稳截然不同。船舱的灯突然闪了又闪，最后戛然灭掉了，让我们留在一片冰冷的黑暗中。

几十个男孩和女孩一下子就慌了。"岁月"号惨剧的可怕画面第一时间强行植入我们的脑海。霎时间，恐惧不安在船上弥散开来。

我们的船舱里没有男生，只有六个小姑娘，大家都强装镇定。我也不知是怎么的，双眼空洞地望向黑暗中——大概是柜子的方向——吐出四个字："拿救生衣。"最小的丫头没有半点迟疑就摸索着去拿，把一堆鼓鼓囊囊的橙黄色的东西拿了出来。大家摇摇头。她勉强地笑了笑，然后放回去。

船停了。黑暗中大家略微平静了一些，纷纷陷入沉默，每个人都被颠簸得晕乎乎的，蔫蔫儿地躺在那儿。

"如果……我是说如果……你最遗憾的是什么？"

我小心地说出这句我最不想说的话。

沉默。

又是沉默。

最小的丫头沉思了一会儿，用甜软的声音一本正经地说："我还没养过狗狗。"

那个学习最棒的说："我差一分就年部第一了。"

平时疯疯癫癫的学姐安静下来："我还没处过对象。"

那边又来一句："我还没表白呢。"

……

不一会儿，大家的眼里闪起星星点点的泪光。

小小的船舱，女孩儿们就这样互相坦露心中最柔软的地方，平日里无论如何也不会触碰到这里吧。

我最遗憾的是什么呢？

我最遗憾的是我还没长大，我才15岁；我还没穿够漂亮衣服；我还没看尽，也没走遍这个世界；我还没找到那个一直在等我的人；我还没向爸爸妈妈说再见呢。

不，我不想死，我不能死。

过了一会儿，袁学弟过来了，一直安慰我们说没事没事，就是发电机坏了，他已经到前台问过了，没有大碍，一会儿就修好了。

他的眼眸像一湾温暖的湖泊，倒映着璀璨的群星。真是个令人贴心的家伙。

　　已被恐惧和不适折磨得筋疲力尽的女孩子们都浑浑噩噩地倚着，躺着，脸上挂着麻木的表情，不，应该是没有表情，大概大家是各有各的心事吧。黑暗中我去找寻她的手，那个在无数个紧要关头被我攥住的手。

　　"咋了？"她没心没肺地问我。

　　"没事，就是咱俩要死在一块儿了。"我开了个牵强的玩笑。

　　她什么都没说，只是笑笑，用力攥了攥我的手。

　　我忽然发现，不知不觉中，我们已经携手走了那么久，经历了那么多事，拌过那么多次嘴，还那么多次一同相视而笑。这么点儿事又算得了什么？

　　停住的船随着波浪一起一伏的。

　　床铺下面的小妹妹很认真地告诉我，她要把船上发生了什么写下来，放到塑料瓶里，要不然我们就会像马航的乘客一样，别人连我们怎么死的都不知道。

　　我觉得她好可爱，也觉得她的话说得好辛酸，连忙用手指堵住她的嘴。

　　我平躺在床铺上，什么力气都没有了，只能望着前方，前方的黑夜。我的脑子被太多太多的事所充斥，想回忆梳理，却又一片空白。

我自己也不知道这一刻在想什么。

一束光亮刺进双眼，恍惚间整个世界都明亮起来。生平第一次觉得灯光是那么温暖亲切，让人忍不住去拥抱。

船上的广播也及时响起，人们纷纷坐起来，站起来，迎接这份喜悦。

只有四个字：心有余悸。

这大概是我十五年来内心离死亡最近的一次。

躲过伯玲主任的视线，我只穿着单薄的睡衣便独自跑到了甲板上。如墨的天、如墨的海不知在何处交融。远方的航船星星点点，发出像萤火虫一样的微弱光亮。呼啸的海风吹乱了头发，刺透了身上的单衣，天气分外寒冷，可我却觉得温暖而又幸福，与死亡相比。

也许死亡是从人们呱呱坠地起就已注定，没有什么可畏惧，就像天上的星无论多亮都会陨落。可是，我不想让任何意外夺走我的生命，我要等到所有的愿望都实现以后，没有遗憾，再……悄然睡去。

可能我这一生都忘不了刚才的经历。

回到船舱，漫长的夜还那么寂静，寂静的夜还那么漫长。

只愿明天能看见太阳从海平面上冉冉升起。

（本文写于2015年初参加东宝中学组织的韩国冬令营时，归国当晚航船出现了一些故障，我趴在床板上，心绪繁复，笔迹凌乱，是以誊写。）

他把日子画成了诗

北方的秋来了。

我伫立在路旁，面前是一扇覆满灰尘的窗子。曾经肆意张狂地挤在窗上的广告单如今已褪色泛黄，斑驳脱落，让人不由得想起了一句词——"只是朱颜改"。我将手搭在窗子上，费力地向里面望去。

画室依旧如往常般整洁，画架子乖乖地立在静物台边，静物台上的绣球花孤单地倚在花瓶里，已被时间榨干水分，生了皱纹。七月流火，阳光透过玻璃窗洒进去，细小的尘埃在阳光的倾角里蹁跹，飘落……

我好像又回到了从前的日子，陷入了那段如油彩般斑斓的记忆。

我曾经无数次地经过小区附近的这间画室，还曾偷偷地逗留，观察里面的学生抱着画板在灯光下专注的神情，可每当有人向窗外瞥来，我都会马上溜走。窥伺他人的梦想也成了一件奢侈的事。我笑自己。可有一次,我观察一个男孩画着人像的瞳仁看得出神,竟没意识到有人出来,站在我的身边。

"孩子,想画画吗?"

我惊恐地抬头望去,却对上他和暖的眼神。我怯弱地点了点头,于是他成了我的美术老师。

张老师毕业于延边大学美术系。他不似人们对北方男人的印象,天生带有一份儒雅与温和。不高的个子,宽厚的肩膀,用"短小精悍"来形容他可能不太恰当,但他的温和背后却总是有一股坚定的力量。当时刚上初中的我是那样憧憬拿着画笔的感觉,憧憬美好流淌在笔尖,可是我一直在他的画室外徘徊观望,迟迟没有勇气走进去。学业开始繁重起来,而我一直是老师家长口中的"别人家的孩子",我深恐自己一有点其他的念头便会被别人说成"不务正业",说成分心,说成走了下坡路。可那日面对他的目光我无法拒绝,既无法拒绝他,也无法拒绝胸腔内呐喊着的炽热的心愿。

自那日起的每个周末,我便扎根在了画室里。

张老师不同于我见过的其他老师,讲课时他的眼里有一种不一样的光芒,没有倦怠,没有居高临下,没有不耐烦。在他那种释放给小孩子的慈爱目光里,在他那种讲着讲着便停下来陷入陶醉的神情中,我看到了一种热爱。那是一种怎样的真挚呢?或许是能支撑一个人踏遍坎坷道路,熬过漫长岁月,将苦难行吟于心，把柴米油盐谱成歌谣的力量吧。

我羡慕着，我也渴望着。

张老师的每一次上课，都是灵魂在跳舞。他给我们讲明暗五调子，讲暗与明平衡的维持，讲到雨果在《悲惨世界》中写的："光明与黑暗交织着，厮杀着，构成了我们憎恶又无比眷恋的人世间。"他讲色彩搭配，讲到名家的用词"蔷薇色的历史"。他讲细节刻画，讲到朱自清笔下那个爬月台的笨拙父亲。

我不知道画室里那些刚上小学的孩子能不能听得懂，但看着他们仰起的专注的小脸，我想，他们一定会感受到这种美好。

中考气势汹汹地来了。这时我的美术水平进步飞快，已经被特批与美术考生一起上集训的晚课。

中考后的那个假期除了在图书馆自习，便泡在画室里，为着不属于我的高考而冲刺。看着那些学哥学姐们扶着酸痛的腰画到午夜十二点，我想，有梦想是一件多么幸福的事。夏日的夜清清凉凉的，广场旁不时有蛐蛐儿在叫。铅笔屑在地上都积了厚厚的一层，我抱着一大沓沾满颜料的调色板在卫生间洗刷，想为学哥学姐们争取一切时间。我看混杂着的颜料流淌而下，享受着那种充实与快乐。

后来我与张老师一起送走了那些学哥学姐。中考假期也临近了尾声，我面临着选择。

我想学美术！我想以青春为笔，以前路为卷，描绘斑斓，挥洒人生。可是我不能这样做。

此时的我，是爸妈的乖女儿，是学校的好苗子，是老师重点培养的尖子生，有上清华北大的希望。我纠缠于现实与梦想的泥泞中，我被蜂群围着，我被眼泪裹着。

在那个夏日的傍晚，张老师在收拾画室，我迟迟未走。窗外嬉闹的孩子多了起来，欢笑声不绝于耳。我向张老师说出了我的纠结。

他怔了怔，随后什么都没有说，继续扫地，然后把铅笔屑收起来，倒进垃圾箱里；把倒下的画架扶起来，在静物台旁边一排排放好；看了看学生们交上来的速写作品，挑了两张好的粘在了展示栏里。

最后，他终于看向我，走过来，带着凝重的目光，半晌才开口："你自己做选择，孩子，你值得拥有最好的。"

泪，还是没忍住。

我值得拥有最好的？我想起自己一次次撕毁不完美的画作，为了更好的线条而执着，又想起自己曾为一张张数学卷子反复验算总结，一天天卑微而坚强地向前跑着。人越努力，就会越幸运吧。

"但是我要走了。"老师点了一支烟。

"什么？去哪儿？"还没等我问出口，老师便自己做了回答。省城的一所高校聘他做讲师。

"您会去吗？"我一问出口便意识到这是个多愚蠢的问题。

"是的，我会去。每天在这里教小孩子，我很快乐。可是有时候我会忘记自己要做什么，画画是为什么，难道只是补贴家用的工具？我有多久没有时间自己安静地画画了啊！我渐渐地发现自己被这份工作裹挟着，捆绑着。去那儿之后，我会教更多的学生，我会有自己的画室、自己画画的时间。我不想，不想一辈子都在这个小县城日复一日地重复同样的生活。"

后来老师走了，带着他的妻子和上小学的儿子。他逃离了自己安稳的中年生活，去一个陌生而又广阔的世界打拼，为了自己心里的那簇火焰，为了已逝去的青春。承载着我很多记忆的画室也再无人照看，一把铁锁，便把往日和明天划清界限，永远分隔。

我最终还是没有勇气做出那个选择。我升入县重点中学，拿了奖学金，进了实验班，重复我过去三年上课、写作业、做题到深夜的生活。我再也没有时间画画，甚至连停下来回忆过去的时间都没有。那支画笔，那个画室，那段往昔，离我愈发遥远了。

然后，当我累到快坚持不下去的时候，我总会想起远方，想着远方或许有那个带领我在迷茫中奔向光亮的慈爱的老师。

他曾对我说："你值得拥有最好的。"我便对自己说："咬咬牙，再坚持，再坚持一秒钟。"

在那个智能手机、微信、微博还没有普及的岁月，我连张老师的联系方式都没有留下，他音信全无。

一别已是两年，明年的夏天便是我走上战场的时刻。生活还在继续，远方依旧有光。我从未放弃，仍然孤独而艰难地前行着。可我总是，总是情不自禁地想起那段日子，那段默默努力，把手磨出泡，连自己都会感动的日子。我也总是会想起张老师，想起他如河流般富有磁性的声音，想起他在阳光的倾角里讲着自己所热爱的，脸上漾起的幸福的笑容。

我站在画室外，不自觉地伫立了好久，直到头顶住宅楼里的灯像接力一样在我面前一盏盏亮起，直到夜晚的风荡来家的呼唤。我正要离去，却透过那布满灰尘的窗子恍然间看见画室中的一切都恢复了原样，大大小小的孩子们欢笑着奔跑进去，拾起画板，老师笑着，喊着让大家找地方坐好。还有，还有那个小小的自己抱着大大的画板低着头认真地画着，碎发散在耳边却完全不顾及。我看见了张老师，张老师笑着望向窗外，望向窗外站着的我。

"孩子，想画画吗？"

（此文荣获第二届汪曾祺散文奖"我的老师"主题征文学生组二等奖）

弟弟，回家

"黄昏敲响木鱼，吐出白昼蚊虫。"我坐在老房子的门阶上看夕阳酿成一片酡红。远处嬉闹的孩童的笑声在暮色里潆洄。

"姐姐，再玩一会儿，我不想回家！"一句喊声把我拉进岁月深处。

他便曾这样唤我。

姑姑家的他小我两岁，依稀记得小时候我们俩手拉着手唱着歌，在爷爷开的照相馆里表演王子和公主的故事。两个人踮着脚尖，露出小脑袋，看着柜台外面的人群熙攘，同吃一碗冰激凌，鼻尖碰鼻尖……那是生命之初，是最天真、最快乐的时光。小小的我走到哪儿都领着小小的他。在店里逢着顾客便扬扬得意地告诉他们："这是我弟弟！"他会仰起小脸，用晶莹的大眼睛望向我，鲜红的小嘴糯软软地说出两个字："姐姐。"

我好像拥有了整个世界。

后来他被姑姑带回省城上学，姑姑打电话来说，他无论买什么吃的都要两份，即使留坏了也不肯吃，只是噘着小嘴执拗地说："给姐姐。"

再后来，姑姑一家移民去了澳大利亚。我们隔着时空都慢慢长大。我却领先一步长大到个子变高，学业繁重，有了美丽的心事，我长大到将他抛到脑后。

我们都被时间的变化搞得措手不及，我们都被成长的隔阂骗得落花流水。我们再也不玩公主与王子的游戏，我们再也不搂搂抱抱那样亲密，当我们隔着时空的经纬拿起话筒时，竟不知说什么，空留沉默在回响。

在我小学六年级时，他回来了，寄住在我家。因姑姑工作繁忙，最开始是说两个月，然后是半年，最后变成了两年。我的生活中太久没有他了，他一下子闯了进来，起初的新鲜快乐被消耗殆尽后就变了滋味。

我开始厌恶他。我厌恶奶奶无微不至地照顾他的饮食起居，厌恶爸妈对他百般疼爱，原来属于我的好像都被掠夺了。我好像忘却了年幼时的稚嫩的声音："他是我弟弟。"我好像是被青春期施了什么魔法，不再是一个好姐姐。

每周他与我一起上乒乓球课，在球馆里他似乎格格不入。有一天，他与一个同学发生了争执。等我跑过去时，看见他们厮打在一起。那个男孩把他的眼镜扯下来，狠狠地扔在了地上。他发疯一样跳起来，五官愤怒得已经扭曲，眼泪在脸上肆虐地流淌，嘴里含糊不清地喊着什么，打向那个男孩。教练过来了，怒着问怎么回事，我竟没有在这个时候像小时候一样站在他前面保护他！后来他们各被教练痛骂。

我真浑蛋！我就像《追风筝的人》里的阿米尔看着哈桑受凌辱，我就像张爱玲文中那样对受继母虐待的弟弟不闻不问，我就像鲁迅笔下的那样把小弟弟做的风筝狠狠地摔在了地上。我不知道他的心里受着怎样的煎熬。远在他乡，寄人篱下，身边没有父母，没有朋友，只有漫漫无期的等待，等待大洋彼岸的归来。我身边有爸妈，而他只有我，而我，却弄丢了他，而我，却弄丢了他的姐姐。

再后来，他走了，去了那个隔着大洋的彼岸。从此，我们有两个小时的时差，从此，我的严冬是他的酷夏。

他回来过几次，已经快长成大小伙子了。他依旧很亲地叫我姐姐，我也想方设法地对他好，以弥补我的过错。然而我始终不能原谅自己。

如果能重来，我一定会在那男孩动手之前冲过去，告诉他："你别欺负他，他是我弟弟！"我会理直气壮地对教练说："他没有错，他是我弟弟。"我会拭去他脸上的泪水，轻轻地告诉他："别怕，我是你姐姐。"

事过多年，我小心地试探他："你还记得吗？"他茫然地摇摇头。说来也怪，在无数件我对他好的事中，我偏偏记住了我的歉疚，在我对他不冷不热的时光中，他偏偏记着的都是我的好。

也许，是上天在宽恕我吧。

现在的我学习繁忙，只能从家人那儿得到他的消息，说他过得很快乐，说他喜欢上了哪个女孩，说他成绩又得了A+，说他总会说想念我。

我蓦地愣住。

我哭了。

我笑了。

泪眼蒙眬间，我看到温暖的时空中小小的他和小小的我手拉着手走向家的方向。

泪水滂沱中，一个声音划破时空："姐姐——"

千山万水都值得。

（此文荣获第16届"叶圣陶"杯全国中学生新作文大赛初赛复评一等奖）

2015年10月11日

2015年10月11日，我收到一张汇款单，伍拾圆整。

我出生于2000年7月24日，在这个世界上已经存在了十五年两个月十九天。

　　我的诞生是一项创作，我从诞生起就开始创作。

　　每一声牙牙学语，每一下蹒跚学步，每一声响亮的啼哭，每一抹灿烂的微笑，都是我给予这个世界的崭新，都是我给予这个世间的独特。

　　我经常在想：人活着是为了什么？我活着是为了什么？

　　所有爸妈对子女的首要期望无非是健康、快乐。健康毋庸置疑，那快乐作何解释？是平凡的快乐，还是有价值的快乐？

　　如果只是为了吃喝玩乐，安度一生，那只能是悄无声息地来到这个世界上，又悄无声息地离开。一来一走，什么也没有带来，什么也没有留下。那为什么会有这个生命的诞生呢？除了他和他身边的人，他的诞生对世界又有什么意义呢？不可否认，他会认为自己是快乐的。如果单纯是为了寻求物质上的享受，那有的人生来便触手可及，有的人穷尽一生也触摸不到，正如有的人拼搏一生只为了住进少数人一出生就住的大房子里。没有公不公平，现实就是这样。要穷尽一生才能达到自己目的，这是不是有些荒唐？

　　那另外一种快乐呢？

　　我想有一种快乐是因他人而快乐，因自己给他人做出了贡献而快乐。如果一个人不想一生都与世界不相交，就像两条平行线一样，那就要对其有所影响，坏的暂且不提，只说积极的方面。一个人要想不白活一生，那就要给这个世界添点什么，留点什么，被载入史册、被写进教科书的人那么多，可是他们只为了让后人瞻仰吗？不。当他们为别人做出贡献时，他们是快乐的，他们是幸福的。

我怕死，所以我想给这个世界留点什么。

我不想让自己走过一生以后，这个世界上似乎什么都没有发生过，我不想生得平庸，死得平淡。

如果我碌碌无为地虚度一生，我会感到羞愧，我会认为对不起自己十五年前的呱呱落地。

"虚度一生"这词不好，说得像是还有第二生、第三生。人就这一生，一生！就这七八十年！就活这一次！就走一遭！为此，我热爱创作，热爱文学创作。

人类于宇宙空间而言是个独特的存在，然而又有并不独特之处，广袤的宇宙中像太阳系一样的星系还有千万个。如果每一个星系中都有一个如地球般有生命存在的星球，那么还有千万个"地球"，还有千万种有智慧的生物，人类太渺小了。

我们生活在无边宇宙的一个小小的点上，我们进行思考，创造文明。如果没有地球，所有伟大的推论、发明、设想还有意义吗？我们竭尽全力学习我们认为有价值的东西还有意义吗？而文学又是什么呢？什么样的才是好文章呢？文学作品能带给我们的是什么呢?

我认为无论是在地球上,还是在宇宙间,文学都是有价值的。文学表达的是思想是情感,而情感没有对或不对,没有先进或不先进。我曾经十分迷茫:什么样的是好作品?为什么那些笔墨精致的文章往往会毫无滋味,而简单的一句话有时却能深入人心?我曾经羡慕别人的语言优美,可现在我发现只将华丽的辞藻堆砌起来是毫无价值的。我爱写作,我喜欢让自己的思想流淌出来,并传达出去。

我希望把自己的想法说给更多人听;我希望有人读到我的文字;我希望我的文章能对别人有所触动;我希望我可以触摸你的心,感受你内心最柔软的角落;我希望我能将心中的阳光播撒出去;我希望有人能通过纸张触摸我的内心。我最希望的是,我的文章能代替我活下去,能代替我永远地存在于这个世界上。

愿我的心永不冷,愿我的笔永不停。

2015年10月11日,我的文章发表了。

致秋男弟弟的一封信

亲爱的秋男：

　　你好。本不想这么严肃地开头，可最后还是觉得这样比较妥当。不知与姥姥、姥爷相处了几天的你感觉怎么样呢？

　　十月一日我的爷爷、奶奶在北半球上了飞机，十月二日你的姥姥、姥爷在南半球平安落了地。本没有撕心裂肺的难舍难离，但奇怪的是，一号这天我头疼，牙疼，淋巴结疼，口腔也溃疡得厉害，而二号他们平安抵达以后，我竟神奇地慢慢康复了。这难道是血缘的力量？我不清楚。

　　说实话，舍不得。这几日，爷爷、奶奶的屋子一应照旧，电视亮着，冰箱响着，可就是空荡荡的，空荡荡的。厨房里没了奶奶围着围裙的身影，沙发上没了爷爷跷着二郎腿的潇洒身姿。我晚自习放学后，小门不再像从前那样"吱呀"一声弹开，从里面传出"大孙女"的欢喜声音。

　　我有些不适应，有些感伤。但我知道是时候把你的姥姥、姥爷还给你了。

那么，请你在这个夏天里，照顾好我的爷爷、奶奶。

你知道吗？他们今年72了，整整比我们多看了半个多世纪的风风雨雨。你今年15岁，我知道这是一个不羁的年纪，我知道最初几日的新鲜过后，随之而来的是生活的琐碎和磕磕碰碰。

亲爱的，有些事情，姐姐要拜托你。

拜托你放学回家后多讲讲一天的趣闻，以打发他们一天空闲的难耐。

拜托你在家不要常常讲英文，以免他们听不懂最亲的人口中的语言。

拜托你遇事冷静平和，不要冲着有时会犯糊涂的他们大叫大喊。

拜托你凡事都不要吝惜言语，耐心地跟他们讲讲他们一辈子都没见过的事和物。

拜托你温柔面对姥姥，这个一辈子刚强睿智的老太太的一切唠叨都是为了你好；拜托你恭敬地对待姥爷，维护他作为一家之主的骄傲和尊严。

拜托你时常赞扬一句姥姥的厨艺，拜托你时常请教姥爷一个问题。

拜托你替我做这一切。

我知道，这些我都没有做到十全十美，正因为这样我才希望你能弥补我的遗憾。我知道我是第一次做孙女，你也是第一次做外孙，我们可能做得不够好。但是亲爱的，已经没有大把时间让我们来悔过了。你在那儿有同学，有朋友，有丰富多彩的校园生活；而他们只有独在异国的零落，只有无法与人沟通的寂寞，唯有寄托于与你们相处的快乐。

你可能会嫌我啰唆，但我多想把生活掰成一块一块与你细数，设想每一分每一秒你们相处中矛盾的可能，把我想到的、没想到的一一嘱咐。

亲爱的，我相信你。

还有还有，祝你生日快乐，希望你能蜕去稚嫩，走向成熟，怀揣初心，勇敢上路。

今后，我会在北国的纷飞大雪中虔诚祝福，祝福你们在南半球的艳阳里粲笑如初。

我望着如墨的夜空，不知所思，不知道此时你们是否也望向天际，顺着我的目光，想起我。

姐姐：嘉盈

相见不如怀念

盎然的春意随着一朵一朵的阳光蹁跹而来，荡漾在如茵的操场，绽放在少年的唇边，也轻拂过我的书页。

在繁忙中的间隙，遇到老友。她欢喜地告诉我："菲菲要过生日了，这周六，在某某餐厅，她叫你早点去呢！"

菲菲！菲菲！我重复着这已不太顺口的昵称。我有多久没见过她了？过去我们每日"厮混"在一起，去食堂占座，跑八百米，聊八卦，看帅哥……然而进入高中以后，虽然我们中间只隔了两层楼的距离，却终日不得相见，偶尔在楼道中突然碰见，也只能匆忙打上一声招呼。

这周六——我心中被抛入一颗石子，泛起层层喜悦的涟漪——又能见到他们了。多好呀！我心里想着，晚上就不去上自习了吧，都说我对初中三年生活的感情太深，可这是多么温柔的羁绊。我每每都能从回忆中嗅到阳光的味道。

周六下午一放学，15班的那两个闺密便来找我。想当年，我们也是轰轰烈烈的"四人帮"成员呢！打车赶到餐厅，那是以前爸妈曾带我来过的地方，突然感觉自己好像成熟了，走到门口，竟又有些恐惧，可不知道自己究竟恐惧些什么。他们会变成什么样子呢？我们还会像之前那样亲密吗？

走进包房，人已经差不多齐了，菲菲的身边没有位置，我便随便找了个位置坐。那几个女生都披着头发，原来那个不爱打扮的慧子竟然戴上了美瞳，黑葡萄般的眼仁直看得我心里发毛。他们两个也来了，他们都是中考前辍学的。其中一个我某次去复印卷子时见过。他貌似在那儿当小工，也算学徒。他粗糙的手灵活地摆弄着打印机，身上裹着一件大黑羽绒服，还有一条黑裤子、一双老旧的球鞋，全然没有了当年叱咤年部的潇洒。另外一个好像在市里的一家烧烤店里当服务员。

我坐着，沉默着，等着菜一个个上来，不知道说什么好。聊学校？恐伤了谁的痛处。聊生活？生活都在学习中度过。聊感情？我更没有了发言资格。他们也是在三三两两地聊着，没有什么中心话题。我默默地吃菜，忽然不知谁冒出来一句："学霸怎么不说话呢？"（这个词儿流行的时候我们正上初中，大家便都这么叫我。）

我怔住，笑笑，好久没有听到人这样叫我了。

"没有工夫呗。"不知谁接了一句，大家都一哄而笑。

我看看表，差五分钟到六点。我拿起书包，走到菲菲身边。她拉着我用手机自拍。拍了几张，我说我要走了，六点上晚自习。大家纷纷挽留，我坚持，他们作罢，不舍地送我，然后骂快班变态。菲菲送我下楼，我拉着她的手。

"菲菲，我想你了。"

"没事啊，日子还长着呢。"

看着她的眼眸，我鼻子一酸，有好多话想跟她说，可在这短短的五分钟中恐怕是做不到了。

她见我这样又笑我："你呀，好好的，好好学习，别给自己太大压力，听见没！"

我点点头，出门。她穿着短袖又探出身来："打车，快点回学校！"

我转身离开，搭上车，出租车载着我穿过霓虹闪烁的街市。我突然想起，那次去复印卷子，我给他钱，他推搡着还给我："咱是同学，你别不给我面子。"我看着他沾满颜料、墨汁的黑黑的手，头一次清楚地看到了生活的残酷。

十五岁的我们分头而去，各自认清了生活的模样。然而不论你是花季少年还是暮暮老者，生活都会公平对待，没有怜悯。我现在身处校园，有明确的目标和充满希望的未来，我是幸福的。可是与我同龄的少年，或在职业高中学技能，或已经见证了生活的凄风苦雨。

我不去想，也不敢想我们的将来。或许只有在初中那三年，我们都是同样的无知单纯，简单快乐。我怀念的，是那时的我们，是那时的时光，而现在的我们相见，已掺杂了许多别的东西，生活已被现实侵蚀得面目全非。

我想起临走时，他们对我说："学霸，你是我们的骄傲。"

我忍着眼中温热的泪水，心潮汹涌，我要替他们去看那远方的天空。

夜幕低沉，我走进学校，坐在窗边，提笔写下六个字：

"相见不如怀念。"

回忆乒乓响

短暂的一周又飞快地飘走，若是总结一下，感觉还不错。为写上篇周记，自己压抑成那个样子。想来，其实写过也未必能做得一毫不差。倒不是本性张扬，可哪有太阳不发光的呢？"默默"只是谦恭，不张扬，脚踏实地而已，没有悲观懦弱的意思。写到这儿，也算是解除老师的疑虑了吧。

而我今天并非想写些学习和生活中的琐事，只是想起了一些过去的事，那段快乐时光唤我从梦中醒来……

从小学五年级开始的吧，老爸把我送到市里的乒乓球班，我见到了一个高大威猛的教练。一直到初一，每周六周日我都会自己坐公交车到市里打球，要是寒暑假就天天去。球馆在一个小区里，是一个游泳馆改成的，大概有八九台球案，记不清了。棚顶是晶蓝色的透明材料，阳光好的时候球馆里空气都漾着蓝色的光。红色的地革踩着涩涩的，馆两边各有一排小柜，也是休息的地方。进门的第一张球台闲置不用，上面放着教练杂七杂八的东西，什么包啦，手机啦，毛巾啦，还有粘胶皮用的胶和刷子。靠着球台有一组懒人沙发，但好像有年头了。对了，还有一个冰箱，里面有冰镇饮料，但是要花钱买的。当训练得汗流浃背时，我会把攥在手心的三块钱交到教练手中，把脑袋探到冰柜里挑饮料，就没有比这更幸福的时刻了。

这大概就是我对球馆深刻而又模糊的印象了。

教练不过三十多岁，听说他在省队时和世界冠军王皓是老队友，国家队挑人那天，他感冒了。本都水平不相上下，但王皓进国家队，展翅高飞，走向世界，他的年龄一到就退役回家，到我们这个小城市开球馆养家糊口。这就是命运的反差，这就是老天的玩笑，我也不知道说什么好，我也不知道能说什么。这个葛教练，没事儿总爱嬉皮笑脸，但跟我们一本正经地板起脸来，我还是挺怕他的。

我在球馆的第一个朋友叫陈安琪，是个比我大一岁的女生，短头发，大眼睛，性格开朗，和我一边高，还几乎一边胖瘦。每周一次的碰面便成了我们聚会的时刻。无论是打球时，捡球时，还是休息时，只要教练不注意，我俩就偷偷唠嗑，交换心事与秘密。有一次教练发现了，便佯怒道："都说一个女人顶五百只鸭子。"随即，他拿球打过来，"鸭子！鸭子！"我俩哈哈大笑着接连躲开。她钢琴十级，小提琴八级，顶着小子头，潇洒又可爱。

还有一个与我同龄的男生，他的名字我一直都听成了"闫不奇"。我还想呢，这名字起得挺谦虚的。他白白胖胖，球打得很好。他曾经给我看过他"女朋友"的照片，问我漂不漂亮，我无言以对。

"哎哟，丁大赖来啦！"教练戏谑地喊道。来者何人？一个眼明眸亮的男生走进来，穿着白T恤、运动裤，韩星般的发型和模样。"教练你可别这么叫啦！""丁大赖"是教练给他起的绰号，他本名是什么，我记不得了。丁大赖打球可真不赖，但教练说他愿意赖球。他小我一岁，让我诧异的是，每次他换鞋时，都会露出纯白无垢的袜子，没一点污痕，很有家教的样子，性格也是温温和和的，可眉目间却带有一股坏坏的痞子气。这小伙子长大了，肯定是个"少女收割机"。

还有一个叫"旺仔"，长得还真像旺仔牛奶盒上的小人。他球打得很好，进行对抗赛的时候是我们的队长。还有小毕，和小白。我早已记不清小白叫什么了，只是记得他白白净净的，眉眼被造物主精心地雕琢，说起话来总会脸红，那时候他大概上小学四年级。夏天的时候，教练把我们放出去，让我们在小区里围着花坛跑步，回来做蹲起、仰卧起坐和跳绳，还要分组进行车轮战，写赛后总结。那时球馆旁有一棵很高的果树，记不清结的是沙果还是小苹果。打完比赛我们就跑出去，去摇那棵大树，摇下来的都是青涩的果子，可无论多酸，心里都能感觉到甜味。一朵一朵的阳光透过葱郁的树叶蹁跹在孩童的笑脸上。听，乒乓在回响，童年在歌唱。

后来，球馆搬迁，好多家住那个小区的孩子都不再去了。我已上初中，学业开始繁忙，便也离开，而那座蓝色棚顶、红色地革、有八九台球案的球馆也被收回作为他用。

从此，那群十几岁的孩子们也都散入到各自的生活里，浸在不同的喜怒哀乐中，奔波在不同的人生轨道上。我们匆匆忙忙离开，来不及说再见，我们匆匆忙忙长大，学会遗忘。

也知道一点他们的近况。陈安琪蓄了长发，文文静静的，不似当初的模样，在市一中学文科，成绩依然是非常好；"闫不奇"瘦了30斤，考上了省青少年飞行学校，在长春；原来小毕在二中，旺仔他们在十三中，论年纪今年也该上高中了；至于"丁大赖"和"小白"我已全然断了联系，没了消息。

至于我，已不再是四五年前那个小胖丫头，不知他们还记不记得我。

此时，我又站在球案边，握着拍，耳旁充斥着"乒乓乒乓"的喧杂声，就像那时一样。可早已物是人非，"人面不知何处，绿波依旧东流"。

我闭上双眼，静听那"乒乓乒乓"的声音。

听着，听着，斗转星移，我似乎回到了那时的球馆——棚顶湛蓝的，地革艳红的。他们如往常一样打着球，疯笑着。而我还是那个小胖丫头，咧着嘴欢笑着跑过去……

顿　悟

"每一个优秀的人，都有一段沉默的时光，那一段时光，是付出了很多努力，忍受孤独和寂寞，不抱怨，不诉苦，日后说起时，连自己都能被感动的日子。"

看到这段话，我蓦地愣住。我看到了过去的自己，却找不到自己今天的影子。

我一下子想起中考前的那些日夜。那时班里的学习氛围不算好，上课时后面两排都在睡觉。别的班中午的自习都要求早半小时到，老师来给讲题、考试，我们班却不是。二十八岁的物理老师会提前十五分钟来，唠十几分钟嗑，再上自习。那时的我在食堂吃完饭，就拿着卷子跑到二楼的一个小会议室里，做半小时题再回去。放学留下来，从四点半到六点，自己在教室里写完作业再跑回家去。

那段日子，我回想起来，把自己都感动了。

对比起来，我现在是不是知足得太早了呢？我写到这儿便吓出一身冷汗，看看现在的自己，找不出任何感动自己的理由，反而是随着大家在疯在闹，反而是学习的劲头不那么足了，反而是自己订的计划都完不成了……刚开学时还雄心壮志地准备一雪前耻，就这个状态，我呸！不被甩到后面就不错了！难道我变了吗？可能是原来我不知彼，在混乱的班级中认为其他班的同学远超过我，便大踏步地追赶，可现在却时时以别人的脚步来衡量自己，标准一下子降低了。原来被"学霸""学霸"地叫着，也时刻摆出学霸的样子，不敢松懈，现在为了不出风头，保护自己，便装得漫不经心，是否心态也有所改变？

我不敢再想。但是我不能因环境的变化而改变了自身的状态。还好，才开学第五周，悬崖勒马还来得及。

不管怎样，我要从下一秒起就做出改变。我要做回所向披靡的"学霸"，努力到无能为力，拼搏到感动自己！

军装的秘密

　　学校的五四会演，我们班决定唱军歌，便去借了战士们的军装发到大家手里。我满心欢喜地试穿在身上，并小心地用手将褶皱抹平，不经意摸到口袋里有一截细长的异物。

　　这是什么呢？我心想。

　　拿出一看，竟是一截小小的桃木。我之所以识得它，是因为我的枕头里也被妈妈藏了一截，她说这样我就可以安睡了。我将这截桃木放在手里细细地端详，不算特别粗糙的暗褐色表皮上生着流水般的纹路，两端像是被精心修理过，圆滑而不伤手指。我的思绪随着绽在军装上的灿阳翩飞：是谁将桃木轻轻剪下，细细修理？是谁默默祈愿，悄悄放入？是他温柔贤惠的爱人，还是他白发苍苍的老母？这截桃木，是藏在军装里的秘密，更是那人溢满心头的柔情。她将自己所有的爱恋与牵挂，所有的担心与忧虑都随这桃枝一起，藏在了他的军装口袋里，随他一同征服骄阳，征战远方……我望着苍绿的军装出神。

　　也许是我想得太多，现在是和平年代，可一旦战争的号角吹响，他便会立马奔赴沙场。抑或是妈妈想太多，竟在我的枕头里放这东西。可是，我宁愿相信是那截桃木护我长夜安寐，是妈妈的深情伴我朝发暮归。我也宁愿相信，那截军装里的秘密会陪他回到最爱的人身边，平安康健。

也许这是我们一生都摆脱不了的羁绊，更是我们前世今生修来的福祉。

铁血军装衬托着少年们青春的面庞，会演中我们如愿取得了第一名。

将军装小心叠好，军装依旧苍绿，不过多了一分陌生的祝福。

第三章

戴 着 镣 铐 起 舞

　　语文老师曾这样打趣："写应试作文就是戴着镣铐起舞。"有人不屑于它的格式化，有人只把它当成应付考试的筹码。于我则不然，我欣赏高考作文题目呈现出来的愈加浓郁的时代气息。我希望我的作文不是无病呻吟，不是不痛不痒的"正确的废话"，而是我内心流淌出的最真挚最真实的表达。每当我在考场上写得感动自己，写得血脉贲张时，我清楚地意识到自己身上的不是镣铐，而是翅膀。

那些嵌进时光里的回忆

　　落落余晖，我敛一缕最灿的；盈盈清泉，我掬一捧最澈的；冉冉红叶，我撷一片最美的。只为送给一个人，只为铭记那些嵌进时光里的回忆。

　　若说青春是一场无知而又漫长的征途，那她定是与我同行的旅伴。

　　犹记得初中的第一节课上，我的目光就被她吸引。她束着高高的马尾，小麦色的脸颊上洋溢着自信。老师每次提问，她总是第一个把手扬起，用泉水般清冽的声音回答。多么特别的女生！我暗想道。没想到的是，我同她分在同一个小组，她打招呼时总是将黑黝黝的眼眸望向我，笑意似要流淌出来，不知不觉间，我们成了最好的朋友。

　　大概是初二吧，我独自留在学校写作业，她怕我孤单便来陪我。空旷的校园死一般地寂静，偌大的教室里只有我们两个人，墙上的时钟嘀嗒嘀嗒的，好像屋檐上的雨水敲打着窗棂。她将头埋在书本里，笔尖"唰唰唰"地写个不停。她以一头短发换去长发袅袅，几缕碎发调皮地垂在耳边。她总是会打趣我："你可要好好学呀，可别让我赶上呀！"虽然过去了很久，可她认真学习的画面始终停留在我的脑海里，挥之不去，鼓励我向前，再向前。

初三临近体育加试，她的短发已经束起。跑步对我来说就是实打实的折磨，她便每天放学拉我去操场训练。她义正词严地对我说："你必须要坚持跑下来！"然后，她抿抿嘴唇，"跟着我，我不会丢下你的。"她就好像是一缕阳光，帮我驱散了满天的阴霾。夕阳酿出了一片酡红，两个女孩奔跑在宽阔的操场上。我紧跟她的脚步，就像白鸽划过天际。她的校服被风吹得鼓鼓的，像是将要远航的船儿扬起船帆。在成长的跑道上，我们也会这样互相支持，一同奔跑，因为我们友情的纽带不会断开，我们永远都不会舍弃对方。

现在我们也常常会一起眺望未来、眺望远方，我在她的眼里看到一片蓊蓊郁郁的森林，那是希望。未来的路还那么长，结伴而行就有方向。

回忆起我的初中时代，我的青春年华，总有她的身影出现，她在我的记忆中洒下片片珠光、点点璀璨。

如果相逢是首歌，那我们在青春年少时的相遇定是最美好的相遇。落落余晖、盈盈清泉、冉冉枫叶，都不及她予我的陪伴与鼓励。

前方路长且阻，可春色正好，让我背上载满回忆的行囊，与你一起向未来，去远方。

有一种声音藏在记忆深处

"月儿明，风儿静，树叶儿遮窗棂。蛐蛐儿叫铮铮，好比那琴弦声……"

这婉转而低沉的声音从梦里漾洄而来，引着我走向记忆深处。

一丸鹅蛋似的月被纤柔的云丝簇拥上了如墨的天际，可我始终无法入梦。那时的我还很小，寄住在姥姥家，和姥姥一起住在热乎乎的大炕上。

漫漫长夜对精力充沛的孩童来说，简直是一种折磨。我翻来覆去，叽里咕噜地转着眼珠，就是睡不着，而姥姥打着哈欠早已困倦："盈盈，来！"姥姥用粗糙而又温暖的大手将我拽入她的被窝里。"你乖乖躺着，我给你唱歌听。"她把我扑腾得冰凉的小脚丫夹在两腿间，真暖啊！可我却没有在意姥姥是否会冷。

姥姥微眯着眼，面容安详，一只胳膊在被外面搂着我，她便轻轻唱起来：

"月儿明，风儿静，树叶儿遮窗棂。蛐蛐儿叫铮铮，好比那琴弦声……"

姥姥一张口便好像使出了魔法，我瞬间安静了下来，听着姥姥略带一丝沙哑的低沉声音。那是一首不知是什么版本的《摇篮曲》，也是一首古老的民谣，旋律婉转而悠扬。我好像真的看见一缕如水的月光洒入窗内，我好像真的听见蛐蛐动听的歌唱。不知为何，姥姥的声音总能让我的心沉静下来。年老的姥姥的歌声自然不能与歌唱家媲美，但是没有做作，只有从心底涌出的爱意。

姥姥用宽厚的手掌拍着我，一下，一下，和着歌曲的旋律，伴着姥姥缓慢而深沉的心跳。我不知她唱了多久，不知她拍了多长时间，不知困意有没有将她打倒，不知那只露在外面的胳膊会不会落下一阴天下雨就会酸疼的病根……年少的我，这些都不知道。我只知道，无数寒夜我的耳畔都有那声音在鸣响；我只知道，姥姥用她千丝万缕的爱为我换来一夜安寐。

姥姥老了，我长大了。

我不再睡在姥姥身边，而姥姥也不再每夜在我耳边低吟。可我永远也忘不了她的声音，那个无论我长多大都会带给我温暖和动力的声音：

"月儿明，风儿静，树叶儿遮窗棂。蛐蛐儿叫铮铮，好比那琴弦声……"

多想告诉您

岁月如歌，弹奏着一曲又一曲的华章；人生如戏，演绎着一幕又一幕的故事。曲终人散，繁华落幕，唯有一腔感激多想告诉你。

还记得那是新学期第一天的早晨。我将步入初三，心中怀着一丝欣喜，但更多的是恐惧。对前方的路感到迷茫的我踟蹰不前，无所适从。

晨曦微露，吃过您精心烹制的早餐，接着就要踏上自己畏惧的征途。"奶奶，我走了！"我冲您喊道。您仍旧叮嘱几句："中午在学校多吃点，注意安全！"我满口答应，您心满意足地笑了。

我走出家门，与阳光撞个满怀。不知道奶奶在做什么呢，我下意识地回身望去。

没想到那个熟悉的窗前，站着一个熟悉的身影，脸上镌着熟悉的笑容。

"是奶奶！"我脱口而出。

只见您站在那儿，脖子上还挂着刚才做饭的围裙。阳光大把大把地透过玻璃窗洒在您的身上，给您镀上金色的光影。岁月使您的青丝镀雪，而此时那银发更似金丝。您的目光好像穿越了无边无际的时空，与我的目光交汇。我感到那目光的温暖足以把我融化。原来奶奶每天都是目送我上学啊！她在窗口长久驻足，就是想多看我一眼，再多看我一眼，像是灯塔照耀我远航，直至我消失在车水马龙处。我忽然感觉自己不是一个人，我还有奶奶，还有奶奶的爱。

我向您挥手，您也同样回应，并催促我快走。我面向前方，似乎一切都不足为惧了，我不再畏缩不前，而是充满了力量。

奶奶，我多想告诉您，您的目送驱散了我心中的阴霾！奶奶，我多想告诉您，我心中的感激之情有多么澎湃！

我会勇往直前，因为我有您的爱的陪伴。我不会一去不回，因为您在那个窗口。

微尘不弃　丘山崇成

英国诗人约翰·多恩曾经写道："没有人是一座孤岛。"惊涛拍岸千堆雪，想要屹立不倒，必须有所依靠。有人相伴左右，方能仗剑走天涯。

我国著名军事家孙武的取胜之道，给我们耐人寻味的智慧启迪，权其三者而观之，我认为："上下同欲"不失为最重要的制胜之道。孟子言："天时不如地利，地利不如人和。"战前的准确判断固然重要，但金戈铁马岂是儿戏，岂能一言蔽之再无变数？主将与国君的默契配合固然重要，但无论主将多么精通军事理论，都是要指挥士兵作战的，"光杆司令"怎能纵横沙场？唯有"人和"才能"得道多助"。只有每一粒微尘都献出自己的坚毅，巍峨之巅方可平地而起。故曰：微尘不弃，丘山崇成。

同心同德，百战不殆。"水能载舟，亦能覆舟"是一千多年前唐太宗李世民的箴言。"民为邦本，本固邦宁"则是当今社会的主弦律。不同的声音传递着同一个思想：同心协力，方能胜利。三国时期的刘备则很好地践行了这一思想，礼贤下士、忠厚待人是他叱咤风云的最有力砝码。正是因为有一众大将死心塌地地追随，刘备方能成一方霸主。上下同欲，同心，同德，方能所向披靡，百战不殆。

同荣共辱，挥斥方遒。在刚刚过去不久的2016年，"女排精神"成了国人关注的热点。"中国女排里约夺冠，时隔十二年重返奥运之巅"的消息除给国人打了一剂强心针外，也显露出她们在人后齐心协力的付出。无论是总教练郎平的"上"，还是女排姑娘们的"下"，集体的荣誉是她们共同的追求，而共同的付出也铸就了她们共同的胜利！一朵花做不成花环，一颗星星也无法在夜空中璀璨。荣辱与共，凯歌同谱！风雨同舟，砥砺前行！

江苏省江阴市的华西村被誉为"天下第一村"。华西村在老村长吴仁宝的带领下，创造财富近千亿元。韩非子曾说："一手独拍，虽疾无声。"在共同富裕的道路上同样孤掌难鸣。"村帮村，户帮户，建立负责党支部"是他们的口号。巍峨山峰的拔地而起非一夕之功，而是无数微尘以生命来构建。

上下同欲、齐心协力是红军长征"万水千山只等闲"的不朽足迹，是寻求黑奴解放的马丁·路德·金的"一个梦想"，更是中华民族久经沧桑而不衰、历经磨难而更强的精神内核。而我们此时正众志成城地走在实现中华民族伟大复兴的中国梦的道路上。

所有的苦难与背负尽头，都是行云流水般的此世光阴。在追逐曙光的路上，我们从不孤独；在征战远方的途中，我们相依相伴。

微尘不弃，丘山崇成。

正如泰戈尔的诗："你微小，但你并不渺小，因为宇宙间的一切光芒都是你的亲人。"

莫让浪漫溢出黄线

柔情蜜意，乃众人之神往，然当浪漫与规则相违，情理与法理矛盾时，你将作何抉择？你应作何抉择？

为给女友制造浪漫而将气球拱门摆到黄色双实线上的小伙显然没考虑这么多。"这多浪漫啊！"竟成了他违背交通法规的理由。在巡警进行劝诫后，旁观者的心态更是影射了年轻一代的法律意识比较淡薄的现状。我说：莫让狂热蒙蔽双眼，莫让随欲践踏规则，莫让浪漫溢出黄线。

勿轻小，小见大。欧阳修在《伶官传序》中有言："夫祸患常积于忽微，而智勇多困于所溺……"青年们的"也不是啥大事儿"的心态已然成了社会个体心理亟待解决的大事。法律面前无儿戏，生命面前无小事。黄色双实线是机动车道上的重要标志，一旦被遮挡，将给司机驾车带来困扰，更可怕的是增加了严重的安全隐患。你眼中的多情和浪漫，可能会成为威胁他人生命健康的毒瘤；你暂时的自得，可能会摧毁一个家庭的幸福。你说，这还是小事吗？故曰：于忽微处小心防范潜藏祸患，于日常中朴实体味浪漫真谛。

法于心，践于行。林肯曾说："法律是显露的道德，道德是隐藏的法律。"而法律意识淡薄不仅仅反映在青年求爱占黄线这一件事上。某些人乱停车占用消防通道，导致火灾时消防车难以及时赶到；各地涌现出的无任何安全设施的汗蒸馆；共享单车惨遭黑手，被上私锁……

这些无一不是国民素质的照妖镜。而规则意识不强抑或是其根源之一。我们不仅不能占黄线，更重要的是要在自己的心里画一条不可逾越的黄线，从不敢做、不能做，到不想做，这将会成为国家长治久安的根本保证。

扬其光，天下同。在世界的回响中、时代的大潮里，澎湃着强劲的"中国动力"。"洗风易渐，淳化难归。"正因为如此，我们应该从各方面做起，严于律己，监督他人。于政府，弘扬社会主义核心价值观，加大普法宣传，提升民众的社会公德意识，相信终能"美美与共，天下大同"。

没有一个世界单独为一人而存在，没有一句劝诫算是"多管闲事"，没有一种浪漫源自对规则的践踏。

莫让浪漫溢出黄线，请用善良为真情引航。

吾心归处醉书香

大漠苍辽，我未曾见识，我只在书中领略了"长河落日圆"的壮阔；柳岸莺啼，我未曾亲赏，我只在书中品味了"水面清圆风荷举"的风姿；圣者哲人，我无缘拜会，我只在书中邂逅了他们思想的火花……

于我而言，课外阅读是提升语文素养的最有效的途径。课堂教学中老师给了我思想的启迪，帮我打开学习语文的大门，可我还需要在课外阅读中继续探索。再者，社会实践对语文素养的培养有积极的推动作用，其本质是对语文素质的检验与实践，需要大量的时间、精力等。故我曰："吾心归处醉书香。"

浸文染墨，提升素养。中华文化浸润了我的性情，世界文学点亮了我的眸子。在课堂上，我领略了苏轼"一蓑烟雨任平生"的豁达；在课外阅读中，我更全面地了解了他于孤独中笑傲人生的勇气。在课堂上，我走入了戴望舒的雨巷；在课外阅读中，我陶醉于海子的"远在远方的风比远方更远"，三毛的"向南逐退残阳，向北唤醒芬芳"。在课堂上，我叹服于郁达夫租一间破屋细数阳光的闲散；在课外阅读中，我又了解到林徽因"在心里种篱修菊"的宁静，梭罗栖居瓦尔登湖的洒脱。课外阅读是课堂学习的延伸，课堂是进入语文世界的索引。不进行课外阅读就好比置身小舟的人不划桨，提升语文素养只是一纸空谈。

纵目书海，挥洒人生。语文素养是一种十分全面的能力，会让我们受益一生，无数人在书海中得到了人生的答案。屠呦呦在古书中找到了妙方。而叶圣陶先生说："学语文为的是用，经过学习，读书比以前读得更透彻……从而有利于自己所从事的工作，这才达到学习语文的目的。"语文学习关系到一个人的终生发展，只有纵目书海，方能挥洒人生。

握卷立志，再铸新篇。全体国民的语文素养关乎一个国家的未来。如果中国人的语文素养能够逐步提升，文化水平能够逐步提高，社会文化生活的各个方面都会充满活力。而这项使命，首先应由我们中学生承担。语文是每个人心中奔流不息的河，让你我同众生相遇。不读书，怎学好语文？不学好语文，怎为中国人？

读书的终极目的是什么？登上《我是演说家》舞台的青年教师董仲蠡如是说："为天地立心，为生民立命，为往圣继绝学，为万世升太平。"

说得真好！我们进行课外阅读，努力提升语文素养的意义不过如此。

品诗词，嗅墨芳，吾心归处醉书香。

担史责，树远志，生命之光为国亮。

致晓明的一封信

晓明：

你是否还记得，你孩童时期的咿呀学语是谁含笑聆听？你小小的手掌被谁温柔包覆？你少年踟蹰时是谁温柔引路？

此时此刻，你面临着选择：是甘肃的"大漠孤烟直"，还是扬州的"柳浪闻莺""苏堤春晓"？是陪伴长辈，还是去山区支教？若是我，我则会选择拥抱亲情，温暖时光。

甘肃之景定雄浑壮观，扬州之景定秀美婉约，可是在高考结束，即将踏上新征途的时候只去赏景观情真的有意义吗？世界这么大，可你日后有无数个斑斓的日子去欣赏天涯海角的明媚，你应自食其力地创造机会，而不是靠爸妈资助旅费。山区支教的初衷固然好，可你对自己的表达能力和知识储备真的有十足的把握吗？刚高中毕业的你也还是个孩子，你懂得如何与小孩子沟通交流，以及如何维护他们的自尊心吗？"师者，传道授业解惑也。"不达其质，不为人师。说到这儿，你可能有些困惑。请别忘了，还有两个人在山清水秀中等待你。

"陪伴是最长情的告白。"爷爷奶奶业已迟暮，岁月已让他们青丝镀雪。假期过后，你的人生就会迈向更远的彼岸，你有无边的未来，你有同学，有老师，而他们只有等待，等待最爱的人归来。你或许听过北大才女王帆在《我是演说家》节目中的肺腑之言："至亲至情，不应该是看着彼此渐行渐远的背影，而应该是你养我长大，我陪你变老。"可能你的生活中再难有这样一段时光可以毫无羁绊地陪伴在他们身边。那么，请你在即将披荆斩棘地征战远方之际，别忘驻足回眸。

挣脱世俗，回归宁静。乡间无网络，但有"江上之清风"与"山间之明月"；无高楼之气势恢宏，但有鲜花葳蕤盛开。十二年的寒窗苦读告一段落，这个假期没有作业，没有压力，你终于可以切身体会到梭罗栖居瓦尔登湖，沉思与放歌时内心的宁静；林徽因在"心里修篱种菊"的淡然；朱自清月夜漫步荷塘的情趣，以及郁达夫租一椽破屋在院中细数阳光的情趣。

用山水点亮眸子，用宁静浸润性情，抱持这种心态无疑会收获一种别样的生活，会成为你鲜衣怒马闯天涯的坐骑。

亲爱的晓明，人生一世，终归尘土，纵使有一百年光阴，也终不过是历史长河里的一朵涟漪。所以请你把握当下，拥抱亲情，莫使"子欲养而亲不待"；请你洗去浮躁，聆听内心，做纷繁尘世中的清醒者。

作为同龄人的我最希望的是，你会有一个美好的未来，这样将来我们可以共同努力，让这个世界变得更好。

前方路长且阻，让我们心怀梦想，笑容明朗，向未来，去远方。

你陌生的朋友

生命出席　担当在场

苏格拉底曾说过："我们与世界相遇，我们与世界相蚀，我们必不辱使命，得以与众生相遇。"生命这场盛宴我已出席，那么如今你是否"在场"？

"在场"是指什么？是"身心在场""思想在场"，还是"工作在场"？我说，"在场"是对自身价值的最大专注，是对挫折苦难的最有力抗衡，更是对国家与人民最崇高的责任担当。社会的发展健步如飞，科技的星火熠熠闪亮，时代的车轮辘辘远行，而我们的人生需要"在场"。

　　担当梦想，坚韧在场。

　　中国绿色江河环保促进会会长杨欣多年来一直与他的挚友长江，并肩站在中华大地上。他说："我不能离开，我要与一切破坏自然的人与事交锋。"守望长江，是他的梦想，更是他对于祖国山河的爱与坚守。无论是艰苦的风餐露宿，还是孤独的野外考察，他都选择在场，选择永不缺席。这种对梦想的坚守与对事业的深情，是杨欣的在场。而对事业的执着与对社会责任的承担，则是我们应做到的在场。

　　担当期望，善良在场。

　　蒋励作为中国驻阿富汗援助医生已经工作了三年有余，正如当初她下决定时的义无反顾，她一直坚守在前线上。"被信任，被需要"这是她所言最沉重的担当。而她的在场，便是在枪林弹雨、硝烟弥漫间，以最大的热情，坚守着一个医务工作者最朴实的爱心。在当今物质至上、利益为先的商品经济时代，我们的"本心"应当在场，不放弃，不逃避，有追求，有担当，这是时代对人性的考量，是我们一苇以航的方向。

中国梦想，我们在场。

一千多年前，白居易挥笔写下佳句"江南忆，最忆是杭州"。一千多年后，杭州西子湖畔G20峰会聚集了世界的目光。在苏堤春晓间，一队队"中国大妈"分外引人注目，她们是自发组建的志愿者治安队。大妈们的在场是公民对国家最卑微而又最高尚的奉献，更是公民对国家未来的担当。

"杖藜叹世者谁子，泣血迸空回白头"是杜甫的在场，"苟利国家生死以，岂因祸福避趋之"是林则徐的在场，"使命必达"是歼十战斗机女飞行员余旭的在场。

"心怀苍生，大爱无疆。"习主席曾如是说。所有的在场都是灵魂与肉体的对话，都是道德对行为的叩问。在场，是不逃避，但又不仅仅是参与，更是一种有使命感的担当。

我们在场，是践行"爱国、敬业、诚信、友善"的社会主义核心价值观，是对自己负责，对他人和社会负责，是今有握拳报国之志，明有展翅效国之时。

生命出席，担当在场。我们在路上。

千金不如一经

古语有言："遗子千金不如遗子一经。"在当今物质至上、利益为先的商品经济时代，人们对物欲之外的本真越来越加以关注。重视传统、回归家庭已成为时代之音，那我们应当传承的是什么？

三位同学对传家宝的讨论引起我几多深思。青花罐是历史的沉淀、文化的瑰宝，但它于一个家庭并不见得有指引、激励、警醒之益；爷爷的勋章是勇毅的精神象征，可时光流转，以物为载体的传家宝可能只剩锈迹，其子孙也可能无法领悟、理解其中的深义。所以于我而言，我认为箴言家训更有价值，因为这是祖辈对家族成员的叮嘱与勉励，引导了家风的形成，像一把火炬散发出亘古不灭的光芒，给予后辈以前进的力量。

家训谆谆，家训醇醇。

林则徐曾说："子孙若如我，留钱做什么？贤而多财，则损其志。子孙若不如我，留钱做什么？愚而多财，则增其过。"可见作为传家宝的从不会是财物。曾国藩则悟其深意，他注重对家风的引导以及对子女的教育，并为子孙留下十六字家训："家俭则兴，人勤则健，能俭能勤，永不贫贱。"正是因为有这家训的鞭策，曾氏家族才能兴盛不衰。可见家训以其独特的形式安置在家族成员的心中，以文字为载体的它们通俗易懂，经家族成员口口相传，代代相继，成为历史长河中最强劲的脉搏。而这种家族精神也编织出了和美家风。

和美家风，引航未来。

我国伟大的翻译家、教育家傅雷，以百余封言辞恳切的家书谱写出一个父亲的缱绻深情。其中的字句无一不是长辈对后辈的劝勉。"辛酸的眼泪是培养人心灵的酒浆。"淡淡言语诉深情，慧语睿言引航向。傅雷留给儿子的传家宝便是如同家训的家书，也是融于其血脉的家族文化。而他的儿子傅聪被誉为"钢琴诗人"，在父亲的谆谆引领下成为时代琴弦上的放歌者。所以精神传承才是纷繁世间的"最美传家宝"。

和美家风，和谐国风。

唯有家风，才能传家，而家风相连成民风，民风相连成国风，国如车，家是轮，传承好的家风能塑造好的政风，从而决定社会风气。而优良家风的传承不能仅依靠青花罐，仅依靠军功章，更应融合家训，融合榜样的力量。我国开展的"最美家庭，最美家风"的评选活动中涌现出了王玉慧等一众最美家庭，给社会注了一剂弘扬美德的强心针。

"将教天下，必定其家，必正其身。"百年、千年弹指一瞬，青花罐、军功章都是一种传承，都包含了祖辈对家族的爱与期望，都体现了人们对社会主义核心价值观的践行，我们只能权衡比较，却不能妄加断言。

"浮生着甚苦奔忙，盛席华筵终散场。"岁月如歌，人生如戏，曲终人散，终有繁华落幕之时。而在彼岸与时光间，唯有精神不朽。

千金不如一经，空想不如立行。

心怀苍生　大爱无疆

雨果在《悲惨世界》中写道："缔造无限黑暗的是人心，释放光明的也是人心。光明与黑暗交织着，厮杀着，构成了我们万般无奈又无比眷恋的人世间。"

身处于这样的世界，我们却选择相信，相信温暖比寒冷多，阳光比阴霾热。正如社会各界对女排主攻手朱婷的关怀，点亮了一个家庭，也让这个女孩成为令人瞩目的焦点。而我们也应传播这种爱，正所谓"心怀苍生，大爱无疆"。

心怀苍生，是一种态度。"杖藜叹世者谁子？"诗圣杜甫生如逆旅，但他却选择救世济民的理想，一苇以航。他独熬"万里悲秋常作客"的苦楚，坚忍"孤舟一系故园心"的无奈，在"秋天漠漠向昏黑"的世间他最大的希冀便是"大庇天下寒士俱欢颜"。把沧桑写满脸庞，把光明引向天涯，杜甫的爱朴实无华，壮野无阔。若人人皆有杜甫之心，何愁关山难越？谁悲失路之人？

大爱无疆，用行动把世界点亮。乔羽曾说："每一个伟大的艺术家都有两双坚实的翅膀，一手托着坚定不移的爱心，另一手托着光辉灿烂的作品。"2015年感动中国年度人物的国家一级演员王宽亦如此。他六十多岁高龄时为资助六个孩子在茶楼卖唱，无视虚荣，放下身段。台上，他苍凉开腔，台下，他给人间做了榜样。这份传递给社会的善良，驱散阴霾，温暖绽放。最好的爱国方式便是以善意对待社会，以心灵温暖心灵，用行动换取感动，老先生不愧为时代舞台上的放歌者。

拥抱阳关，散发光芒。近日一则新闻传遍网络：上海一家面馆老板罹患癌症，家境困难的他在网上发布了一条希望大家来吃面的消息。人们心中的关怀与爱一起萌芽生长，"相约吃面"成为当地的一道独特风光。素不相识的人们用爱织成一张网，网住希望，网住善良，也让这个世界再次见证爱的力量。一碗热面，蒸腾的不是水汽，是泪花；一杯粗茶，氤氲的不是淡雾，是关爱。关怀与善意就在我们身边，我们只有每一分每一秒都去践行，我们的社会才能如费孝通所言："美美与同，天下大同。"

心怀苍生，大爱无疆，是帮助两千个家庭团聚的秦艳友、张宝艳夫妇；是恪守诚信，用救命钱偿还助学贷款的罗金龙；是所献血液竟达人体血液总量十倍的"公益达人"覃国际。

我们的爱传播出去，并不会落地无声，而是会得到回响，会让更多人加入，也会出现一个又一个"朱婷"，用努力支撑梦想，用爱回报善良。我们在温柔对待这个世界的同时，也会被这个世界温柔以待。

苏格拉底曾说："我们与世界相知，我们与世界相蚀，我们必不辱使命，得以与众生相遇。"

心怀苍生，大爱无疆！百灯旷照，世界长亮！

让心灵在理解中涤荡

雨果在《悲惨世界》中写道："缔造无限黑暗的是人心，释放光明的也是人心。光明与黑暗交织着，厮杀着，构成了我们万般无奈又无比眷恋的人世间。"

一分钟的埋怨与沉默，亦是人性中黑暗与光明的厮杀。我们是否想过，对于他人的问题，除了埋怨还能做什么？我们为何不能时刻怀有一种宽容的心态，去理解和尊重每一个生命，每一分钟？一分钟很短，但我们距离一分钟的理解却很遥远。

弹奏尊重，温暖时光。一千多年前，一个是文人骚客，一个是天涯歌女，因为尊重与理解，演绎了一曲历久弥新的知音绝唱。不惧陌生，用善良把隔膜撕碎，以倾听慰藉悲伤。江上明月琵琶曲，与身份、地位、性别无关。白居易在这不眠的夜晚，踏着湿漉漉的诗行，滚烫的泪水沾湿了历史的脸庞。"同是天涯沦落人，相逢何必曾相识！"人与人之间的关爱怎需考量？陌生的人，熟悉的爱。白云苍狗，唯有理解与尊重在时空中散着亘古不灭的光。

理解导航，点亮世界。硝烟弥漫，难掩家园零落，无处安生，只得流离失所。这时德国总理默克尔站出来了，她宣布德国将无条件接受难民。无论你是谁，无论你来自何方，默克尔都会为你导航，只因那份最善意的理解与尊重，她扛下了经济、教育、医疗等一系列负担，但世界却被温柔点亮。默克尔拥有开放一个国家的胸怀，我们为何不能接受一分钟的等待？

为人着想，美德绽放。2016年8月9日上午，在宿迁泗阳县爱园镇的一辆公交车上，一位八十二岁的老人三次起身给身边的年轻人让座，并表示："换着坐，都歇歇！"朴实的话语诠释了"让座"的新定义。少了一分理所当然，多了几分理解与关爱。这一行为传递着满满的正能量，让尊重于无声中延续，让美德于细微处传承。

让心灵在理解与尊重中涤荡，是一代高僧李叔同高于地面的油灯，是陆蠡将囚住的常春藤释放，是国家主席习近平在讲话中指出的"心怀苍生，大爱无疆"。

让尊重时刻化，让理解常态化。不问缘由的理解与宽容才是我们社会最渴求的力量。在等待的一分钟里，我们可以试着去理解：可能他扶起了一个摔倒的孩子，可能他为年迈的老人引路，可能他实际上是一位艰难踯躅的残疾人。

在当今物质至上、利益为先的商品经济时代，我们需要这种换位思考的心态。去尊重，去宽容，去相信，去爱。爱自己，爱他人，以善良的心去拥抱善意的世界。

"我们与世界相知，我们与世界相蚀，我们必不辱使命，得以与众生相遇。"

请对这个世界不吝温柔

英国诗人约翰·多恩曾说："让无数航海家向新世界远游，让无数世界的舆图把别人引诱，我们却自成世界，又互相拥有。"那么，为何对这个世界吝惜你的温柔？

什么是暖闻？是油条哥的"良心油条"，还是父亲与儿子见面的"挂号"？我认为，画展主办方放弃对损画男孩的控诉，护其心灵的行为才更为可贵。油条哥不用复炸油的行为固然可赞，然而当一个社会把最基本的职业操守端供起来时，带给人们的便不是温暖，而是凉意；老父亲遵守秩序探望儿子的良苦用心固然可贵，但在这听来辛酸的事件里，暗含着形式化的腐朽与人间温情的缺失。唯有第三则新闻体现出社会法理与公民情理的最佳权衡，告诉人们以一颗善良的心对待别人，在情与理之间进行权衡时，应以包容和爱温暖人间，驱散阴霾。

打破桎梏，绽放温暖。被誉为"中国好大爷"的沈阳大爷在情与法之间做出了最好的抉择。他被撞倒后主动放走肇事的小伙："我有医保，你走吧！"朴实的话语点亮了人间温暖，善良的行为传递着切切真情。这不是恰如放走男孩的画展主办方吗？人与人之间的纽带，不应是一纸薄凉的法律条文，更不应是弄清孰是孰非的争论嚷嚷。人与人之间应是善意为路，温柔作桥，且行且歌，相伴远方。

无顾世俗，温柔付出。我国著名妇产科专家叶惠方正用生命践行这句话。作为林巧稚的学生，她青出于蓝，以拳拳爱心引领人世春意。她曾把没钱看病的患者接到家里住，直至康复。"要多做一些善事"是她的行为准则。岁月使她的青丝镀雪，始终不变的是她那种对光明的执着。把沧桑写满脸庞的同时，她把温暖引向人间。只有人人如此倾注善良，世界才会阴霾散去，光明长驻。

唯有真情，潺潺破冰。宁波北仑城管手绘橘子地图，设疏导点安置橘农，帮当地自产自销农户减轻"甜蜜负担"。城管与商贩，原本是矛盾的对立方，但在法理与情理间，北仑城管找到了最好的平衡点。暖意融融的服务创新，包含了以人民为中心的服务情怀。古人曾寄语"愿凭朱实表丹诚"，那么北仑城管所做的不仅是"表丹诚"，更是从理解出发，在凛冽的寒冬让世人见证温暖的力量。

对这个世界不吝温柔，是古语中的"己之温，思人之寒；己之安，思人之艰"；是杜甫的"大庇天下寒士俱欢颜"；是张宝艳、秦艳友夫妇的"三千个日夜奔忙，两千个家庭团聚"。

狄更斯曾说过："这是一个最好的时代，也是一个最坏的时代。"在物质至上、利益为先的商品经济时代，这些暖闻便是照鉴我们灵魂的一面镜子。在生活中我们不时会遇到法理和情理冲突之时，那么请扪心自问：是为了小利益舍弃宽容与理解，还是宽恕心灵绽放如春的明媚？

约翰·多恩的另一诗作中写道："没有人是一座孤岛，可以自全。每个人都是大陆的一片，整体的一部分。"我相信画展主办方挽救的不仅是一个孩子的心灵，更是给予了他世间的温暖，让人们相信真情比阴霾多，善良比寒冬热。

那么，请你，请我们，对这个世界不吝温柔。站在时光的倾角里，我们终会发现自己也在被这个世界温柔对待。

治愈心灵的疮痍

缪尔曾说："走向世界，我发现，是走向内心。"世界广袤，尘世纷繁，有柳浪闻莺、苏堤春晓，也有黑暗污浊、满目疮痍。在我们面对世界时，是否审视过自己：我们的心灵是否经过精心修缮？

"病"是个常见的字眼，枯黄衰败是植物的病，迟缓笨拙是动物的病，而盲目追逐世俗，舍弃本心，是我们的病。只有以良知为药，以本心为刀，以自省为针，以改过为线，割除疮痍，缝补心灵，我们才能让心间一朵绽放的娇花点缀人间万亩花海。

治愈心灵，守望宁静，让世人聆听内心。在尘世的纷繁中，梭罗做出了守望瓦尔登湖的决定。他自建木屋，耕种、散步、歌唱、倾听、梦想、沉思。在澄澈的湖水边，在如茵的绿草旁，他沉淀了内心的燥热，慰藉了心灵的创伤，留给后世熠熠生辉的思想。而我们是否应停下奔波于世俗的脚步，回头看看，我们是否让污浊沾染了眉眼？我们是否坠入了俗世的染缸？醒醒吧，像梭罗一样，洗褪欲望，提纯理想。累于世俗，不如治愈心灵；追名逐利，不如载云而归。

治愈心灵，剔除疮痍，让本心澄澈无垢。一代抗金英雄岳飞征战沙场，灭敌无数，却殒身于秦桧的毒舌之下。秦桧为了金银财宝，为了功名利禄，只凭一句"莫须有"便定下了岳飞的罪名，殊不知他自己在后人的眼里成了千古罪人，遭人唾弃。秦桧之所以铸下大错，是因为他的内心没有得到修缮，是因为他被利益蒙蔽了双眼，他的心得了"病"呀！当夕阳酿成了一片酡红欲醉，英雄的鲜血溅洒轩辕时，你秦桧有没有愧过？当历史已成过眼云烟，你的雕像却在岳飞墓前长跪，你有没有悔过？早点治愈心灵，便不致病入膏肓。

治愈心灵，美化人间，让世间阳光遍洒。我国伟大的文学家、革命家鲁迅先生，毅然弃医从文，执笔为鞭，拷问灵魂，对国人卑劣的心理进行救治，心系民族的生死存亡。他清醒地意识到，当时医治国人的肉体是徒劳的，重在医治心灵。他几乎奉献了自己全部精力与心血去治愈人们的心灵，去治愈这个不尽光明的世界。有古语云："各美其美，美人之美，美美与共，天下大同。"我们只有以心灵治愈心灵，用行动换取感动，让不美好变成美好，玓瓅阳光才会洒满人间。

治愈心灵，是屈原"虽体解吾犹未变兮"的"余独好修以为常"；是欧阳修的"归来白首笙歌拥"；是诸葛亮的"静以修身，俭以养德"；更是余秋雨的放弃高位，跋山涉水"探寻文化的踪迹"。他们璆璆如玉，珞珞如石，千古流芳。

苏格拉底说："我们与世界相遇，我们与世界相蚀，我们必不辱使命，得以与众生相遇。"让我们挣脱世俗的羁绊，让我们治愈心灵的疮痍，让世界为美好绽放！

何须好风借力 自当展翅凭翼

虞世南在《蝉》中写道："居高声自远，非是藉秋风。"可是在当今的商品经济时代，越来越多的外在条件成了我们与世界抗衡的筹码。那么，是应该随波逐流，投其所好，还是应该固守本心，坚持自我？

在"颜值即正义"这种网络言论甚嚣尘上的今天，越来越多的人迷失在他人的审美标准里。诚然，良好的外形条件可能会带来更多的工作机遇；但是，"黄渤式"的成功都是偶然的吗？当我们一味追求外在条件而非个人内在素质，并企图以此提升竞争力的时候，社会是会变得更美还是更不堪呢？我说：何须好风借力，自当展翅凭翼。

做最好的自己，就是最美丽的。女作家萧红曾这样呐喊："我不能决定怎么生，怎么死，但我能决定怎样爱，怎样活。"容貌是父母与我们之间的纽带，我们无法决定，但我们可以做最好的自己。演员奥黛丽·赫本儿时相貌平平，并不符合当时人们的审美标准。可是她丰富自己，坚持自我，磨炼演技，最终让世界倾倒在她流转的眼波里。一个时代的审美是会改变的，而你喜欢自己的标准却不会改变。面对世俗，我们不要一味地取悦与迎合。正如韩国电影《熔炉》中所说的："我们来到这个世界，不是为了改变世界，而是为了不让世界改变我们。"

"颜值"并不是评价人的唯一标准。王小波曾给李银河写过这样的信："一想起你呀，我这张丑脸就泛起微笑。"他还说过："爱一个人不仅要爱他的模样，更要爱他对待世界的模样。"是的，王小波并不美，但他的文字无不透露出他美好的思想与灵魂。正是对写作的热爱与坚持，让他绽放出时代的闪亮光芒，让他收获了后世之誉，也遇见了爱情。所以我们应当追求的，是提升我们心灵的"颜值"，我们思想的"颜值"，这种美丽才不会随着青春与岁月转瞬即逝。

与其"各美其美"，不如"美人之美"。宋丹丹曾在一次会议上这样讲："如果我们的年轻人都去当网红，那么谁来引领我们社会的中坚力量？"耶鲁大学毕业生秦玥飞放弃了这种浮躁与功利，而是选择成为一名村干部，带领村民全力创业，创立了"黑土麦田"公益事业。他真正践行了"受光于天下照四方"。他的行为启迪我们思考：中国的年轻人究竟应怀有怎样的价值取向？是只寄希望于凭着脸面找份好工作呢，还是尽自己所能让这个世界更美好呢？我希望我的选择、更多人的选择是后者。

　　林清玄曾说："心美一切皆美，情深万物皆深。"让我们掠过精致浮华的表面，让我们跨越"取悦与迎合"，去坚定顽强地做好自己，去真诚炽热地拥抱生活。

　　"大风泱泱，大潮滂滂，洪水图腾蛟龙，烈火涅槃凤凰。"何须好风借力？自当展翅凭翼。任其风雨交加，我自翱翔不怕。

第四章

我 写 我 心

什么是文学？我常问自己。少时读到"那时我们有梦，关于文学，关于爱情，关于穿越世界的旅行"，便觉得"文学"二字是孤独而又美丽的，写作的人是清高而又非凡的。越长大越明白，文学不应是一种武器，其职能不是堆砌辞藻，炫耀底蕴。它可以成为一种力量，能让无力者有力、悲伤者前行，能让流着泪的旅人在漫漫长夜获得拥抱黎明的勇气和力量。

"唯有文字能担当此任，宣告生命曾经在场。"

愿我的心永不冷，愿我的笔永不停。

每一个你都如此斑斓

"雁旸睿士,联合国人类发展与自然环境协调委员会邀您在三分钟后出席重要会议。"

智能语音提醒打破了午后的静谧。

我揉了揉太阳穴,从遐思中苏醒,按下了办公桌上的远程会议键,全息投影设备瞬时打开。肃穆的会议室中,几个决策者一一出现。

"地球的生态环境已经达到无法修复的地步,而向其他星球移民的计划尚不成熟,寻求解决办法便是我们今日的议题。"西装革履的理事长发言。

沉寂。

"我们……我们首先应采取动物拯救行动……"某区域代表有些胆怯地小声发言。

一时间所有的目光都投向我。

"雁旸睿士,你怎么看?"理事长问。

"我?哼!"我轻蔑地笑笑,"我当初提出的发展科技与拯救濒危动物相结合的建议为何会被批成无用？现在居然想起来问我！"

理事长厉声说："你不要得理不饶人！这儿有一份各国领导人签署的文件，你好好看看，并给我做好！"

智能操作系统显示文件已接收。

我狠狠地将远程会议系统关掉。他们狰狞的脸像被收入了匣子里，统统从我的眼前消失。

"可笑。"

我随手拽下了一根头发，攥在掌心。待手掌打开之际，一只斑斓的蝴蝶翩然出现，在沉闷的空气里蹁跹，突然撞上了由高分子材料制成的透明幕墙。它因为被当成不明物体而受到电击，像花瓣一样凋零，飘落。

请不要惊诧。我叫李雁旸，是一名研究生物医学工程方面的睿士，同时也是联合国制订的世界百人精英计划中的一员。哦，对了，睿士是达到最高学术水平的学位。啥？博士？现在没个博士学位，连去打工人家都不要。我不是魔术师，刚才的一幕是源于科技赋予我的能力。我所主管的实验室一直致力于分了遗传学与现代生物技术的研究。就在不久前，我们研发出了人体细胞与其他生物细胞之间的转化方法。而我也当仁不让地成为了第一个实验品。也就是说，现在我体内的细胞中潜藏着所有生物的遗传基因，一部分细胞在离开我的身体后，便会接受我的神经信号的操纵，迅速转变、分化为其他生物。这种活体分化的手段比克隆技术要高效得多。

我点开文件。

"……鉴于目前形势危急，请李雁旸睿士于限期内复制出以下灭绝动物：金丝猴、白鳍豚、华南虎、苏门答腊犀牛、大熊猫……"大熊猫灭绝了吗？我恍然大悟，原来平日在生态基地见到的都是全息投影。在做社会调研时，曾经有孩子指着我裙裾上的图案说："蝴蝶。"我问他："什么是蝴蝶？"他奶声奶气地毫不迟疑地回答："这个形状的就叫蝴蝶啊。"我苦笑，我多么想告诉他，蝴蝶是会飞的，蝴蝶的触角上有细密的绒毛，蝴蝶的翅膀在阳光下会呈现出绚丽的色彩，蝴蝶是生命，是和我们一样的生命。我们的后代并没有见过真正的动物，一切的一切都是数据的堆砌与技术的合成。科学技术的发展是社会前进的不竭动力，但是我们在大踏步前进的同时，别忘了让一切跟紧。

我决定出发。

我坐上了时光传送机，溯洄往昔。只有我与其他生物真正地接触过，我的细胞中才会搜集到它们的遗传基因。我回到了2016年，在皑皑雪山上跋涉，在漫天黄沙中求索，在热带雨林里探险，在熙攘人群中修行。我为贫苦人家造一头出力的老黄牛，我为落单的鸳鸯复活伴侣，我为医院里那些憔悴的孩子造出他们想要的宠物。科技改变了我，而我又有能力去改变他人的生活；科技创造了我，而我也拥有了去创造世界的力量。

这是我平生第一次接触到自然界里真实的生物，感受到它们鼻腔里氤氲的热气，它们皮毛上沾带的泥土的芬芳。生命如此斑斓。每一次触摸都是生命的交响，每一次相遇都是时光的交接。我的血液承载了人类未来的重量，我感觉无数的生命在我的身体里躁动，而我的使命是用我的能力让它们在千百年光阴的流逝中获得最安宁的栖息。

我曾问自己，科技的意义究竟是什么？我苦苦思索，但我给不出答案。我唯一确定的是，科技是指路灯，是萤火虫，是钥匙；而不应是镣铐，不该是武器，不能是匕首。科技拥有决定人类航向的力量，尽管它会让人类犯错误，但它又是人类弥补错误的唯一手段。在与科技同行的路上，怎样让科技带来的利最大、弊最小，才是我们应当思索的问题。

我做出了决定。

我在时光的洪流里站定。

我知道这个世界需要有肯冒险的人，我也知道追求美好就必定会有牺牲。而我便是这个人，这便是我的使命。往昔峥嵘岁月有烈士抛头颅洒热血，那么今时同彼日。本应如蜉蝣存于天地间的我，将幻化出无数个不同的我，斑斓于每一个角落。我的生命停止了，人类的未来却可以延续。

每一个你都如此斑斓，每一片祖国山河都那样可爱。

我看见自己从指尖开始分崩离析，像洒满银河的璀璨繁星般弥散、飘荡、幻灭。我感觉自己像是飘浮在空中，正在编织一个美丽的梦。我渐渐失去知觉，我渐渐睡意沉沉，我渐渐，渐渐感受不到自己的呼吸。我从未想过自己会以这样的方式离开，可在我合眼的那一刹那，我看见马儿嘶吼奔腾，我看见鱼儿徜徉潜跃，我看见长颈鹿咬着树叶，我看见金丝猴翻着跟头……我看见，我看见大熊猫捧着竹子对我笑，我看见人们脸上绽开了幸福的笑容……

我也笑了。

我在混沌的时空中陨灭、消亡，最后凝成一个闪烁的光点……

湮灭。

"雁旸睿士以科技赋予她的能力拯救了人类的未来，而她却成了历史。我们在前行的路上应记住她，记住现实带给我们的教训，不忘初心，砥砺前行……"哽咽的女记者在绿意盎然、动物穿行的背景中说道。

有些话，对有些人来说已经迟了；有些话，对有些人来说还来得及。

后记：

我在某个不知名的远方醒来，鸟喧花静间荡漾着灿烂春光。

到世界去……

一丸鹅蛋似的月被纤柔的云丝簇拥，爬上了如墨的遥天。

手机屏幕上滚动着新闻，"儿童拐卖事件频繁发生"的红色字体十分刺眼。

"亲爱的小朋友，出门一定要待在爸爸妈妈的身边，不要乱跑，不要与陌生人玩，要学会保护自己，要不然会被灰太狼抓走哟！下面请欣赏歌曲……"欢快的儿童歌曲响起。

旸子坐在狭小的广播室里，面对着昏暗的灯光与突兀的话筒，她是个电台播音员。可旸子的心并不在这里。

当日日的重复磨光了最初的激情与憧憬，她有些后悔当初做出这个回到家乡做播音员的决定，尽管这是她儿时心底的希冀。但她现在多么想出去，去穿越"瀚海阑干百丈冰"的漠漠戈壁，去攀登在万年的光阴里依然兀兀而立的皑皑雪山，去听布拉格街头潺洄的笛声，去吴语呢喃的江南赏柳浪闻莺、苏堤春晓……

可是她现在哪儿也去不了，她每天都要重复着自己似乎毫无意义的枯燥的昨天。

突然指示灯亮了，接入了听众热线。

一个小女孩稚嫩的声音在黑夜中响起，好似一簇松针在漫长的冬眠后醒来，复苏为满心的明媚。

"喂？"

"亲爱的小朋友，请问你有什么话想对旸子姐姐说呢？"

"嗯……嗯……世界在哪儿？"

世界？旸子想起十七岁时抄下的约翰·多恩的诗："让航海发现家向新世界远游，让无数世界的舆图把别人引诱。我们却自成世界，又互相拥有。"可这并不能解答孩子的疑问，也不能减轻旸子的疑惑。

"小妹妹，你……你可不可以再描述一下你的问题呢？"

怯怯的声音传来："我……我在弟弟的课本上看到两个好漂亮的字，他告诉我，这叫'世界'。我问他啥叫世界，他说，是个好大好大、好远好远的地方。"

哦，世界，世界！可旸子的世界又在哪儿呢？她一下子又被拽入之前的愁思里。

一直以来，她同身边所有人一样，忙着上学，忙着成长，忙着学会遗忘。她一直向着远方那条渺茫的红线跟跑着，挣扎着，经历了冲线后的一阵欣喜后，她迷失了方向。

她不知接下来向哪儿跑。难道是就此停下？难道人生在考上好大学，找到好工作后就失去意义？旸子经常有这样的疑问。可旸子说不出答案来，她的父母，以及千千万万的中国父母更无法解答。

旸子成了被理想宠幸的弃婴。

"姐姐！姐姐！"

旸子被拉回现实。

"姐姐，你在听吗？好奇怪啊，人家都说娘待我不亲。其实还好啦，娘不让我上学，只让我干活。可是我比弟弟大，当然要干活啦！我平时要帮娘做饭，给爹送饭，打猪草，接弟弟放学……当'红冠子'——我家的鸡叫第三遍的时候，我就起来生火了。偷偷告诉你，我最不喜欢的就是秋天掰苞米了！砍苞米秆很费力气的，等回家手上都磨出泡来了呢！"

旸子心里涌起一团酸楚的愁思。

小女孩继续说："姐姐，姐姐，其实我很好啦。娘虽然会打我骂我，有时候还会不给我饭吃，但她从来没有不要我啊。我生完火最喜欢做的就是在院子里看着天一点点亮起来，'老黑'——我家的狗过来坐在我身边，乖乖的。柴火噼里啪啦的声音像过年放鞭炮哩！天亮了，一切都活过来了。我送弟弟上学，他进去了，我还能蹲在窗台下听一会儿呢！听他们念课文'天对地，雨对风'，可'大陆'和'长空'是啥啊？我猜是大路又长又空，多半是夜里……"

疑惑的潮水涌上旸子的心头，胸膛里叫嚣着对小女孩的心疼。"小妹妹，干农活不会累吗？烧火不会熏到眼睛吗？被妈妈骂不会哭吗？"

小女孩溪水般的声音响起："会！我会，会……"声音凝塞了。声音再响起时已成嗫嚅："可是我想，一切都会好起来的！干活累，我就再长壮一点儿；烧火时，我就把脸背过去；被娘……被娘骂时，我就想以后努力一些，再努力一些，做得好一点，做得再好一点……"

旸子不争气地淌下了泪。

她不知自己为何而泣，只是她听着听着，眼中便浮现出一株羸弱孤单的太阳花，在荒芜的一望无际的原野上忍泪微笑着望着太阳。她所拥有的是小女孩无法企及的，她有自由，有广阔的天地，她可以选择喜欢的、不喜欢的，她有安逸的生活，她有芬芳的裙裾……可是她唯独丢了小女孩对生活的真诚与热情，对苦难的包容与担当。

旸子知道了，小女孩是真正地心处世界，而自己却是身居一隅，极其渺小。

"姐姐，姐姐，世界是个很大很好的地方吗？可以让我实现所有愿望吗？嗯……嗯，我想给'黄黄'搭个新窝，还有，可不可以不卖它的蛋了……它是个妈妈，它想要宝宝啊！我想治好朴奶奶阴天下雨腿疼的毛病，我总偷偷跑过去给她揉腿……我，我还想上学！我想识字！我想读课文！还有，还有最后一件，我想，我想让妈妈抱抱我……"

黑夜的播音室里，除了空旷与悲伤，便只剩下旸子用袖子努力擦眼睛的簌簌声。

她多了不起啊！旸子心里想着。她敬畏小女孩赤诚而又闪耀的善良。她有想实现的，她有所憧憬的，她有自己所没有的对生活的信任与热爱，她有在夹缝中渴求阳光的坚强。

旸子在世界里，却丢了世界。小女孩在世界外，却努力到世界去。

就在旸子思绪蹁跹时，小女孩的声音又响起来了，"姐姐，我还有，还有一些不明白。为什么，为什么朴奶奶说我是个苦命的孩子？为什么我和爹娘长得一点儿也不像？为什么小时候的事我都不记得？为什么我总是做一个梦，梦里有我从未见过的高高的大楼？"

沉在梦魇里的旸子蓦然惊醒，那几个红色的大字又生生地闯入脑海，小女孩所有的话又一帧帧地掠过耳旁：

"娘不让我上学，只是让我干活……

"娘虽然会打我骂我，有时候还会不给我饭吃……

"朴奶奶说我是个苦命的孩子……

"小时候的事我都不记得……

"和爹娘长得一点儿也不像……

"梦里有我从未见过的高高的大楼……"

旸子颤抖着拨了"110"。

安寐的小村驶入了一辆辆警车，闪烁的警灯将天酿成酡红，像是黝黑的面颊渗出丝丝的血，刺耳的警笛声割破了泥淖般寂寥的夜。

"下面播报一条新闻：某市播音员通过听众热线解救被拐卖五年的女童……"

旸子关掉电视机，现在大街小巷都传着旸子的事迹。

她谢绝了一切采访，也婉拒了大城市提供的工作机会。她知道，不是自己救了女孩，而是女孩救了自己。她终于明白，她的工作不是时光无意义的留白，她的工作正如她最初想的那般美好。她在陪伴心灵，陪伴那万家灯火下千千万万个小小的心灵。她在温暖岁月，温暖时空长河中哪怕只是沧海一粟的岁月。她终于知道，人生的意义或许不在于去了多远的地方，住上多大的房子，开了多贵的车，而在于是否能够在自己热爱的岗位上做热爱的事，并且对这个世界倾注善意，不吝温柔。

二十年后，旸子还在小城里坚守。

她送走了一批又一批孩子，永远等待着他们回来；她用坏了一支又一支话筒，却仍然初心不改。

当年的"旸子姐姐"早已成了"旸子阿姨"，她笑着接受时间带给她的礼物，并偷偷想着有一天自己或许会成为"旸子奶奶"。

如往常一样，她再次走入播音室，却看见一丸鹅蛋似的月被纤柔的云丝簇拥着爬上了如墨的遥天，正如二十年前的那个夜晚。

很多年以前，曾有一个小女孩问我：世界在哪儿？我无言，而她给了我答案。多年来我一直在寻找，我不知我是否到达，但我从未忘记出发。

我们都曾在人生的坦途上迷惘，不知自己想要去哪儿，又为何出发上路。但是亲爱的你，请记住：世界上不是只有一种英雄主义，我们卑微，但可以在平凡中创造非凡，我们终将随风而逝，却可将温暖久留于世。

苏格拉底曾说："我们与世界相知，我们与世界相蚀，我们必不辱使命，得以与众生相遇。"

那么，请永远真诚而热烈地对待生活，永远温柔而善良地拥抱世界。

而我，将继续以我毕生的炽诚与热情——到世界去，住光明里。

盲　城

一个探险家在沙漠里跋涉，不知走了多久。

日头明晃晃地挂在天上，空气仿佛黏成了一锅粥。就在探险家快坚持不住时，眼前跃出了一座小城，房屋堆砌得奇形怪状，像是稚儿堆放的积木，颜色只是黄泥的本色，无一点颜料的修饰。

探险家想了想，还是走了进去。刚迈进城门，四周就响起急促的警铃。探险家这才发现，他碰到了空中悬的那条细线。这时冲出了几个壮汉，站在他的周围。

"你什么人？来干什么的？"

探险家交代身份后，才发现他们都是盲人。过了一会儿，一位领导模样、长着白胡子的老者走出来向他热情问候道：

"欢迎你，远方的朋友，让我来带你参观一下吧！"

探险家又吃惊了，因为这个人也是盲人。

探险家心里涌起了莫名的感动：这个国家对残障人士的尊重真是了不起，任用这么多残疾人作为政府职员，真是让世界充满爱！

他正唏嘘着，就被带入城里，而他的脚上被绑了一个铃铛，和这些人一样。探险家想着：自己居然受到这样的礼遇！

这儿的道路也很是奇怪，铺着不同的石子：大的、小的、圆形的、三角形的、方形的……每一种石子铺成一条小路，向不同的方向蜿蜒。他们走上去，铃铛便叮叮当当地响起来。

热闹的集市上，铃铛声荡漾。

探险家一下子呆若木鸡：集市里男的、女的、老的、少的，全是盲人！这是一座盲城！

探险家自感冒昧，但还是忍不住问："先生，这儿的人都看不见吗？"

"白胡子"也吓了一跳："什么？难道你能看见？"

此言一出，四周都安静了，人们纷纷围过来，好奇地"打量"着这位陌生人。

"哟，听见了吗？他眼睛好使！他能看见！"

"啊？这么可怜啊……"

"没想到他是个残疾人……"

什么？自己竟成了残疾人？探险家不乐意了："我怎么能是残疾人？"

"我们所有人都看不见，只有你能看见，能看见世间的丑陋，你当然是残疾人了！"

"就是就是！而且鼻子、耳朵肯定都不会好使！"

探险家哑口无言，毕竟人家人多势众，吵也吵不过他们，他便不再说什么了。

接下来，不寻常的寻常之旅开始了。

"白胡子"说："我们的道路就是地图，不同走向的道路由不同形状的石子铺就，主干道上则是各种石子交错排列。喏，这个铃铛，不同的声音代表不同的身份，老人与孩子的较响亮。但音调随年龄的增长而降低，女人的声音清脆，男人的声音浑厚，这样就可以辨认人了。"

探险家十分佩服他们的智慧。

"白胡子"又接着说："知道为什么我们一路走来商贩偏偏没有围住我们吗？因为我们的铃铛是特制的，执法者的专有音色。"说完"白胡子"就得意地笑了，"可惜你能看见，那就感受不到这种神秘的美感了。"

探险家撇撇嘴，啥也没说。

接着，他们走入了沿街的商铺。商铺里尽是服装，清一色的真丝面料，白得有些发黄，"白胡子"示意他摸一摸。

"好柔软！好细腻！好舒服啊！"探险家心里感叹。

"白胡子"又说："我们的服装最注重舒适度，可惜你们的却只注重那毫无实际用处的样式。遥远的东方有一条龙，哦，不，有一位哲人，他曾说过'五色使人目盲，驰骋田猎使人心发狂，五味使人口爽'，就是这个道理。"

探险家嘴上不说，心里还是挺赞同的。

就在这时，一阵细碎、清脆的铃铛声传来。探险家望过去，哟，一群姑娘！

"白胡子"呵呵一笑，说："走，让你见见我们这儿的姑娘！"

探险家早就迫不及待了，虽然这儿的姑娘面容不加修饰，但身材，啧啧，可是个个前凸后翘，玲珑婀娜呀！

紧接着，让他瞠目结舌的情形发生了。"白胡子"拽着他的手放在了第一位美女的腰上！

"我们这里不看面容，只注重良好的身材与皮肤。我们的见面礼节就是男子轻抚女子的腰臀，而女子则触摸男子的背脊和手臂。一个女人的曲线好，皮肤紧实，就是美；男子背脊宽厚，手臂上有肌肉，就是美。我们才不顾及鼻子、眼睛等微不足道之处呢！"

这无疑是探险家最喜欢的一条规矩了。

临别，探险家闭上眼睛。这次，他同他们一样，听到铃铛声在空中漾洄，嗅到花香在四周氤氲，感受到阳光掠来的脚步……

他不知道，不知道是他们残疾还是自己残疾，不知道是他们眼盲还是自己心盲。为何多数即优势？为何不同就被歧视？"残疾"的定义究竟是什么？我们总是抱持着身为"大多数"的优越感，掌控着话语权，使一切以我们为标准。可若以少数人的需求为标准，我们会不会成为应受歧视与怜悯的人？

探险家睁开了眼，走出了盲城，来时是瀚海阑干，归际是翁郁川岳。

他掏出随身携带的探险日志，刚提笔即发现自己曾经摘抄的句子：

使我们目盲的光线，是我们的黑暗。

——梭罗《瓦尔登湖》

秋　意

"小姑娘得的是白血病，情况很不稳定，得马上住院治疗。出门左转第二个窗口交费。"

他用布满硬茧的、龟裂的、裹着泥灰的大手颤抖着接过那一张诊断书，他看不懂上面的各项数据，但他却知道这一大串拗口的医学名词后是女儿那昏迷的虚弱的小脸儿。

这薄薄的纸片比他平日摆弄的钢筋水泥还重。

这时电话响了，"姐夫，果果怎么样啊？"

"唔……唔……不好……"

"得多少？"

"两万八。"

他只说了医院让交的首款，他也猜到了这些远远不够，但只要能先保住女儿的命，其他的都以后再说。

"嗯，我想想办法。"电话那边说。

他当然不会把希望寄托在这个每天花天酒地，如街头小混混一般的小舅子身上。

他挂掉电话出了医院。车水马龙，人来人往。他漫无目的地走着，满心想的都是怎样筹来那拴着女儿命的两万八。天色渐晚，可这座城市却不曾让自己的繁华黯淡。街边糖炒栗子的味道分外香甜，弥漫在早秋的寒气里。时髦女郎穿着超短裙、"恨天高"，"嗒嗒嗒"地走过他身旁，他紧了紧身上的旧夹袄。

路灯亮起来，他折回去，想起女儿爱吃糖炒栗子。那人嫌两块钱的少，不给称，不情愿地丢给他一小袋。

回去时，一个小护士如抓贼般拽住他："跑哪儿去了？孩子什么样了不知道吗？刚才又差点不行了，赶紧交费啊，最晚到明晚下班！"

他呆呆地站在那儿——女儿还在重症监护室里。邻床的那个老大爷读着报纸劝他："人啊，想开点儿！为了救孩子，多少钱都得舍得！伟人说得好……"

他默不作声，他知道自己不是政府开工资，又没有医保。

钱！钱！钱！到哪里弄钱呢？自己在工地累死了，两天里也挣不出两万八！卖血？卖肾？他只有两个肾，全卖了也不够。再说没有他谁还能照顾女儿呢？

这时电话又来了，还是小舅子。

"姐夫，我联系好了。周哥是干那啥的，打个电话就能来钱儿，他说带你，包你现学现会。"

他的脑子里晃过了成天新闻里播的"电信诈骗"。

"不行！不能做这种事！"

"姐夫，说你傻是真傻啊！你要搬砖去挣那两万八啊？是，我不是什么好人，可果果是我亲外甥女。你忘了我姐怎么死的了吗？不就因为你挣不到治病的钱吗？"

电话挂了，"嘟嘟嘟"的刺耳声音充斥在医院空旷的走廊里。

手机里收到一条短信——姓名、个人信息、手机号码，以及"行骗诀窍"。

夜深无眠，他挣扎着在黑暗中按亮手机。

"为富最多不仁，穷凶则可极恶。罪过，罪过啊。"

他顺利地"整"到了钱，先向医院交了五千，女儿的床位总算保住了。

白天那个女孩来了电话："大哥，我求求你了！你放过我吧！这是我上大学的学费，我爸妈在乡下种地，我考了两年才考上啊！"

他的心里涌起一团愁思。

"对……对不起，我也有苦衷，不过我争取这几天分着还给你。"

把手里剩下的钱还给女孩后还够今天的药费。小舅子今天又送了一点过来，可脸上好像又添了几道新疤。

又过一天，就差五千没还女孩了。

他在工地干活儿，吊在脚手架上，夕阳像守财奴一般洒下最后的金子，映着这座城市的剪影。高楼林立，俯视多少悲欢。他静静地望着，望着这座好大好大的城市，重重地喘着粗气。身下的汽车与行人成了一个个小黑点，又有多少人和他一样，正为明天，为明天的明天而挣扎呢？

是的，他爱这个由他"亲手建造"的城市，这儿给了他生存的欲望，给了他走出山野的机会。有时，他也惧怕这个城市，它充斥着金钱与欲望，它有太多的冷漠与凉薄。

楼下熙攘的商场里放着歌，他也能听到那伤感的歌词：

"多少人活着，却如同死去；多少人走着，却停在原地；多少人爱着，却好似分离；多少人笑着，即满含泪滴……"

晚风吹来，他打个寒噤，北方的秋来了。

明天又是新的一天，他想，明天就把欠的五千打给女孩儿，钱再想办法，一切都会好起来的。

他转身想爬回脚手架，一个趔趄，安全绳断了。一团黑影从这个城市极不起眼的一幢高楼上无声无息地坠落。

城市依旧喧嚣，残阳如血。

证　　明

冯斯陀罗夫的爷爷是一个律师，外公是一名牧师。前者把金科玉律奉为圭臬，凡事必求白纸黑字、有理有据；后者用主的光辉感化世人，宣扬被无神论者称作"谎言"的教义。

不幸的是，冯斯陀罗夫是在爷爷家长大的；更不幸的是，冯斯陀罗夫的爷爷是一个无神论者，他最看不起像冯斯陀罗夫的外公一样整天"一派胡言"的人。

这注定会让冯斯陀罗夫成为一个不平凡的人。

在当律师的爷爷的严格教育下，冯斯陀罗夫从小就认为所有事情必须被证明了才能取信于人。他上小学二年级时因为没法证明自己晚回家是在学校写作业，而被罚站了一晚上。他从此坚信：世间的情况不一定全都可以被证明，但它们一定都需要不可代替的证明。

冯斯陀罗夫在这个严谨的社会顺风顺水。上司欣赏他的严谨认真，认为他是最值得信赖的人。冯斯陀罗夫也有坠入爱河的时候，对姑娘表白的第二天便拉着那个被爱情冲昏了头脑的姑娘去领了结婚证，这可好了，他们的爱情有了保障。

新的执政党推行改革，认定他是个能干事业的人，于是他成为中心城的市长，飞黄腾达，意气风发。从此中心城不再有人情冷暖，只认一纸证明。是本城居民？出证明。上班？出证明。户口本上性别印错了需要改？这可麻烦了，出生地出生证明，与监护人关系证明，户籍所在地登记证明，亲友担保人证明，医疗保险相关信息证明，"本人是本人"证明，"你老公是你老公"证明，"女人是女人"证明……

中心城人心惶惶。

最有趣的是，冯斯陀罗夫的妻子把结婚证弄丢了。冯斯陀罗夫在屋内苦思冥想了三天三夜，最后也无法找出眼前这个女人与自己有婚姻关系的证明。为了维护心中高悬的正义，他把这个"陌生的女人"逐出了门。

结局怎样呢？中心城的市民因为无法证明自己能在这里幸福地生活下去集体出逃，而冯斯陀罗夫却坐在空无一人的政府办公室里自鸣得意："愚蠢的人类啊，谁来证明我的伟大呢？"

别说这是一个荒诞的故事，除非你能给出个证明。

望

我是一个老兵，我浑浊的眼里流着浑浊的泪。

我每天捧着小马扎坐在胡同口，看繁华的街、熙攘的人群、络绎不绝的车辆，偶尔也会有疯跑着的孩子欢笑着跑过我的身边。每天的日子像放电影似的一帧一帧滑过。夕阳像守财奴般藏起最后的金子，我便搬起马扎，拖着一条残腿，踟蹰独行入黑暗之中。

哦，腿是打仗时丢的。

那是多少年前的事儿了？那时我还是个十六七岁的毛头小

子，心头一热就跟着别人上了战场，后来就当上了通信兵。那时候，老子的腿跑得飞快哩！啧啧，全连的人没有一个能跑得过我！那三四十里的山路，我只要……呀，扯远了。

再后来，一次执行任务时，我被流弹击中。

当我醒来时，抗战胜利了，我的腿没了。

回到家乡，我成了英雄，好多人以崇拜的眼光望着我的残腿，好像这腿成了无形的军功章。然后我成了家，生了娃，我拿枪的手拿起了锄头。再然后，我老了，再也没有人提及我当年的英雄事迹，再也没有人崇敬地看着我的残腿，孩子们也早已摇着头不愿听我的故事了。我成了什么？一个老瘸子！一个没有用的老瘸子！

我只能在黑夜里一遍又一遍打开床头的匣子，借着微弱的光亮摩挲着我的奖章，流着眼泪，想着过往。

突然有一天，抗战胜利七十周年的消息铺天盖地地涌来，我才意识到已经过了这么久，但昨天的战场好像就在眼前。我以抗战老兵的身份被领导接见，并接到观看抗战胜利七十周年大阅兵的邀请！我的手是颤抖的，我干瘪的嘴竟说不出话来，眼里冒出的泪花填平了我脸上的沟壑。

原来人们没有遗忘，祖国没有遗忘，历史没有遗忘！

我没有被遗忘，我们没有被遗忘——用鲜血与生命抵御外寇的战士！

此时此刻我和我的战友们坐在花车上。北京的天空竟是那么湛蓝。那股子痛快劲儿透进每个人的胸膛里。阳光荡漾在我皱巴巴的皮肤上，如此明亮，就像当年胜利的曙光。天安门城楼就伫立在那里，和梦中见到的一样威武庄严。那画像上的毛主席望着我们笑得那样慈祥，好像与我们一同迎接这个盛大的纪念日，见证着人民的幸福安康和祖国的繁荣富强。

马上就接近主席台了，我头一次笑得如此灿烂。我看见了，我看见用我们的鲜血染红的五星红旗高高地飘扬在天安门广场的上空，我看见人们带着敬仰的目光，挥动着小旗，向我们致敬！我用出最大的力气挺直了羸弱的脊梁，挥舞着我蜿蜒着青筋的如干树枝般的胳膊，满心的骄傲：我是一名抗日战士！我是一名为中华民族的延续浴血奋战的抗日战士！我们应当被记住，抗战的历史应当被铭记，只有铭记历史的民族才能开创未来，只有缅怀先烈的国家才能再创新篇。

我们伴着军乐队激情昂扬的奏鸣声远去。

那位妈妈怀里痴痴啃着手指的孩子啊，真想去捏捏你那胖嘟嘟的脸蛋，记住：长大后也要像这些穿军装的叔叔们一样保卫国家。那一个个英姿飒爽的小伙子啊，记住：你们真正的戎装不是一身军装，而是你们心中的一腔炽热，你们应以蓬勃的热情去谱写共和国的新篇章。敬爱的习主席，感谢您和党还挂念着我们，让人们再次注意到我们，去追溯我们身上承载的漫长历史，去回顾我们的艰苦历程。祖国啊，七十年后的今天你迎来了前所未有的辉煌，我庆幸自己有生之年能看到你腾飞强大。我高兴！我自豪！

刹那间，五彩缤纷的气球飘散在蔚蓝的空中，和平鸽振翅翱翔于天际。我仰望着绚烂的天空，好像看到了七十年前的枪林弹雨。

如果再让我选择一次，我仍然会走上战场，哪怕再掉一条腿我也心甘情愿。

我是一个老兵，我幸福的眼里盈着幸福的泪。

寂 寞 长 城

我是长城，我说自己寂寞。

我屹立在苍茫山巅，望风起云涌、人聚人散。我经历雨雪，我忍受风霜，我用坚定的沉默掌着山河的舵，在千百年的光阴中流浪、痴狂。

你问我为何寂寞。寂寞无关往昔。

解开记忆的枷锁，那些伴着金戈铁马的呐喊开始在我的耳膜边一声声响起。我是军队最信任的伙伴，我用蜿蜒的身躯抵御外寇侵扰。我陪伴那个守着烽火台的小战士熬过一个个清晨与黄昏。

我是一个战士，人人都把我当作一个战士。

光阴流转，岁月变迁，我旁观了许多朝代、许多事。我欣赏了很多闲景、很多情。可是无意间，我成了人们眼中的景。从此，荒山野岭不再孤寂，僻地荒原不再伶仃。一大批人带着亲友、相机和欣喜来到我身边，可最后留下的却只有垃圾。我不再是那个于刀光剑影中坚毅地矗立着的军事防御工程，而是成了与柳浪闻莺、苏堤春晓、江南吊脚楼没什么两样的风景。我忍受着刀片在我身上一下一下刻下"到此一游"的剧痛。我看着自己坚实的身躯一点一点地分崩离析，我看着战士们曾经浴血奋战的地方充斥着垃圾。我的身与心都满目疮痍。

人山人海间，我不应寂寞，可冰冷的寂寞却吞噬了我。

过去，我承载着民族的尊严；如今，我的尊严被愚昧的百姓践踏。何时，人们能带着崇敬而不是轻蔑到来？何时，人们能用心感受，而不是用眼漠视？何时，人们能带走对历史的缅怀和民族珍贵的回忆？何时，人们能不留下垃圾？

而我，将永远忠诚沉默地矗立着，坚守着卫星图像上蓝绿之间的一痕黄色。

我是长城，我说，我寂寞！

第五章

砥 砺 时 代 锋 芳

狄更斯曾说："这是一个最好的时代，也是一个最坏的时代。"我们在大大的时代里闪烁着小小的光芒。在这里，你会看到一支不停书写的笔，一颗炽热的心，你会看到对光明最热烈的爱，对阴霾最纯粹的恨。希望我这份"指点江山，激扬文字"的豪情能带你重回少年时代，希望你也能如我一般，始终拥有坦然面对世界的热情与力量。

淌着泪的秦淮河

"今晚过后，这个身体就不再属于我了。"

电影《金陵十三钗》里，女主人公玉墨如是说。言罢，以她为首的一群秦淮河畔的风尘女子便要代替教堂唱诗班的女孩子们被送到日本军营中。谁都知道那意味着什么，但谁也不知她们的结局会是什么。

导演郭柯也想通过电影《二十二》将一群中国女人同样的命运或类似的结局展示给我们。

日本军国主义者在第二次世界大战期间，强征中国、朝鲜等被侵略国家妇女为性奴，日方称其为"慰安妇"。据不完全统计，各国慰安妇的数量可达数十万人。"慰安妇"这个听起来乖顺又可人的名称背后到底隐藏着什么呢？我们从字面上看不出来，从纪录片中老人看似平静的脸上也看不出来。但历史是不会留白的。在侵略战争节节败退之时，日本军队为满足士兵的兽欲，鼓舞士气，竟提出这样的策略：既然征服不了中国的土地，就征服中国的女人。他们认为这样可以振奋军心，激扬士兵的民族自豪感。有句不太恰当的俗语叫"穷山恶水出刁民"。日本这一弹丸之国的军队也许只配拥有不切实际的野心、狭隘的心胸，难有光明磊落的气魄。

可是我们中国人就真的爱惜女人吗？

秦淮河畔的玉墨十四岁时被自己的继父卖到妓院。画家潘玉良幼时也是被自己的亲舅舅换了两袋米钱。依靠自己的身体讨生活的女人有哪一个是心甘情愿的？亲手把她们推入深渊的，多是她们最亲最爱的人。究竟从什么时候起，女人成了玩物，成了附庸，成了泄欲的工具？老子有言："谷神不死，是谓玄牝。玄牝之门，是谓天地之根。"女性象征着生命的传承，本是最值得尊敬与爱惜的。可那群遭遇相似的秦淮河畔的风尘女子说不是这样的，幸存的慰安妇被同胞谩骂时说不是这样的。

历史带给我们的不只是愤怒，还有警示。它照进未来，让我们的目光更坚定。中华民族抵御外寇的抗争史，也是中国女人一步步站起来的血泪史。我们今日的关注与追溯，是为了让我们的后人不忘国耻，也不忘历史教训；是为了让中国人在受欺侮的时候握紧拳头站起来，去保护这片土地，以及这片土地上生养我们又为我们生养的女人们。

风起云涌皆成陈迹。在《金陵十三钗》影片的末尾，那群秦淮河畔的女人们在狭小的地下室里洗尽铅华。她们用白布裹好胸，嬉闹着，打趣着。昏黄又温暖的灯光如金子般洒下来，她们雪白的胴体美得耀眼，吴侬软语如琵琶曲般婉转悦耳。她们静静端详着镜子里那个剪着齐耳发、穿着学生服的自己，然后把镜子打碎，各拾捡了最锋利的一块，缠好，藏在内襟，说要赚小日本一只眼睛，便决绝地向已成定数的前方走去。

这便是我们中国的女人，也是一口一句封建礼法的道貌岸然的君子们所最为不耻的女人。

我顺着她们的背影望去，却看到了那二十二个被称作"慰安妇"的老人眼里浑浊的泪。

一个老人坐在庭院的台阶上眺望远方，有孤独的树、蓊郁的山、飘摇的云，可顺着她的目光，我似乎看到了半个多世纪前的枪林弹雨。

不是"灯火未阑人已散"，而是伊人仍在却无人掌灯来。

老人仿佛自言自语般用方言吟唱着："天上落雨路又滑，自己跌倒自己爬，自己忧愁自己解，自流眼泪自抹干。"

我希望，有一天她们的"独忍"会变成我们所有人的"共担"。

今夜的秦淮河，没有桨声灯影，只有哽咽幽鸣。

"新鲜"着

"从小就痛恨贪官，可没想到最后自己成了贪官。这是个莫大的悲哀。"原河南省委书记周本顺如是说。

三年多来国家正风肃气的防腐大计成效显著，各路"老虎"纷纷落马，各群"苍蝇"纷纷被擒。而"腐"是事物本质发生了变化，防腐剂只能防却不能根除，只有理想"新鲜"着，信仰"新鲜"着，心"新鲜"着，才能不腐。

看到各路贪官仗势敛财、以权谋私的卑劣行为时，我感到不可思议。我暗自思考着，若没有这些"老虎"，中国的发展进程定会加快。我很想知道，那些花天酒地、贪赃枉法的官员，有没有想过是先辈们用生命、用尊严换来了今天的和平，也是他们用肉身挡子弹，用磨得鲜血淋漓的脚为人民踩出一条康庄大道。任何一个党派的建立都不是简单地组建一支队伍，而是凝聚了一种精神。

郑渊洁写过一篇非童话的童话，讲的是地球上出现了一种食人蚁，会去喝贪官的血，还会把贪赃枉法的人杀死，最后实现了人间清明。食人蚁能嗅出贪官身上的味道。我坚信腐败是人心先腐，是良心变了质。而保持"新鲜"的唯一方法是让人心保持"新鲜"，时常把良心拿出来看一看、洗一洗，最后别忘了放回去。

电视剧《麻雀》中有一句特别打动人心的台词：

"唯祖国与信仰不可辜负。"

远在远方的风比远方更远

——记"梦想船长"郭川

"你问我，但我不知道，我同样不知道什么是海。我赤脚站在沙滩上，急切地等待着黎明的到来。"

镜头中的郭川虔诚、平和、沧桑，此时他还在上海。

郭川是中国航海第一人，是第一个完成单人不间断帆船环球航行的中国人、国际帆联纪录保持者……

他是个勇士，是个战士，以中国之名，以生命之名，以爱之名。

我相信，如果一个人放弃了安稳的生活，选择了风浪，选择了在天地间徜徉，选择了追逐地平线的光芒，那么他的生命定会发光。成功与不成功，平凡与不平凡，于他，都是奔腾的浪花，终会淹没在无边的大海中，不见踪影。我不知道用怎样的语言来歌颂他，我只知道任何语言都不比"失联"让人无助和绝望，都不比"生还"让人疯狂和惊喜。

在他研究确定北冰洋航线时，他曾经对《北京青年报》记者说："一个人的梦想，很难用数学量化出等级来。至少在人生的这个过程中，会不断有新的梦想出现，让你的理想和现实能结合在一起。……再过几年，等这个梦想实现了，我这个渔民也差不多该上岸了。"

十五天过去了，我期待会发生鲁滨孙的故事。我相信有梦想的人不会轻易被打倒，我相信家的温暖、世界的期待能唤他归来！

我始终坚信，他仍活着。活着多好，永远年轻，永远热泪盈眶。

语无伦次、心痛无比的我已无力去琢磨措辞的妥当与否，只觉翻网页时看到的那一句话说出了我想说的，所有人想说的：

"郭川船长，我们在岸上等你。"

请真诚而热烈地活着

"我的人生是一本不忍卒读的书，命运把我装订得极为粗劣。"这是范雨素文章的开头。

自古而今，人们都把文学高高奉于殿堂之上，几乎有不食人间烟火之味，而"农妇""写作"这些看似风马牛不相及的词语联系在一起让人们惊讶又惊喜。

这让我想起了"脑瘫诗人"余秀华，想起了《中国诗词大会》上的一位女选手，她们都是那样，在生活的苦雨中怀着美好的愿望踟蹰前行。

"向北的窗玻璃破了，一个人把北风捂在心头。"这是余秀华的诗。

她在朗读节目上说，生活无法让她成为她想成为的样子，她便只能在诗中幻想。

亦是悲哀，亦是恩赐。

我很欣慰，看到了中国女性中涌现出愈来愈多的"范雨素"。是她们让世人看到荆棘丛中也可以开出花儿，且开得分外美丽。是她们让世人看到，除了为生活的琐事而奔忙之外，还有另一种颇具诗意的存在方式。

我认为，一个人永远都应该真诚而热烈地活着，永远年轻，永远肆意，永远憧憬美好的明天。

她们的真诚与热烈让她们蜕去了尘世的躯壳，活成了一个女子本该有的样子。

生活中没有旋律，也要且行且歌。生活中没有诗歌，也要诗意地活着。

有多少虚荣假借爱之名

近些年常常看到这样的报道：某某父母不信任中国教育体制，把孩子领回家自己教。对此，有人点赞，也有人质疑。我不禁想问：难道孩子脱离学校的系统化教育就一定会卓尔不凡，成为所谓的天才吗？难道对于现阶段饱受诟病的教育体制只有"脱离"才是最好的应对之策吗？追求"神童"美誉的背后真的只是为了让孩子拥有更健全的人格、更美好的人生吗？抑或是享着"神童父母"称谓的家长，更有资本向他人吹嘘或滔滔不绝地传授"教育经"？

今天新闻里的小女孩张易文，从未接受过义务教育，而是在父亲开设的培训学校读书，十岁高考得352分。如果考虑到年纪，她的成绩应该算是很不错了，她可以以此成绩到商丘工学院之类的专科学校就读。新闻中她的父母为这个十岁的大学生骄傲不已。可他们是否想过：从未接触过校园集体生活的她将如何同比自己大近十岁的同学相处？在即将来临的青春期，她又会怎样在褒扬与质疑中挣扎？基础教育缺失的她能否跟上大学课程？三年毕业后无法就业的她又该何去何从？若进行学术研究，走学者道路，专科院校的教育背景又能支撑她走多远？

在搞这种"神童教育"前，父母应首先弄清楚自己要做什么。张易文父母的这种选择怎么看都像一场闹剧：用检验应试教育的高考检验私塾化教育的成果。这究竟是挑战教育体制还是谄媚于教育体制？"神童教育"怎能仅止步于就读专科院校？仿佛此举的最大收获就是成为各大新闻网站的头条。我无法评定这种教育的优劣。

当今的"私塾化"教育机构是否拥有相应资质？别以为了孩子之名害了孩子。之前比较出名的还有一对刘氏父女。父亲认为学校教育无用，便以一位下岗工人及文艺、科学爱好者的身份对女儿进行家庭教育。十多年后，这位在其父亲口中正在进行某些超自然与物理研究、精通各个领域的女孩已经二十二岁，可她竟答不完一套高考试卷，只会画简单素描，而电子琴是达到了能与父亲的二胡合奏的"高水平"。我不能片面地断言采取这种教育方式的家长是否有足够的知识储备，但家长的盲目自信可能会毁了孩子的一生。

培养一个孩子，难道只是培养他做算术题、背方程式吗？学校教育的进程真的有那么冗长与拖沓吗？其实，在看似乏味的日常中，孩子能学会如何与人相处，如何解决矛盾，如何处理自负与自卑……这些就不算成长吗？教育的目的不应是培养所谓的"神童"，而应是让孩子对自己所处的世界有一个健全的认识，更善良、更积极、更快乐地去经历自己的人生。总之，父母要做的是让每一个偶落凡间的灵魂自己扎根，顶破土壤，用肌肤去感受阳光和雨露，而非揠苗助长。

若说走所有人都在走的路便是平凡，我只能说标新立异地放弃这种经历未免为一种缺憾。我也曾怀疑过当下，憧憬过那种"异于常人"的经历，可现在我好像一下子懂得：正是每一瞬的过去成就了现在的我。哲学家说千篇一律才是奇迹，我们"用心灵支撑一段时空"，走到尽头，便会如期地见到那个人、那个地方、那种生活，这未免是一种最美又最算不上巧合的巧合。那么这条路，我正在走着。走在平凡之路上的人们分道扬镳，但我不会向平庸走去。

于此，我想对每一位盼子成名、成为"神童"的父母说：

"让孩子自己走吧！让他同其他人一样认识、了解并感受这个世界。让他去与同桌争吵，让他在奔跑时跌倒，让他遇到喜欢的女孩，有懵懂的心悸。让他有少年的心事、芬芳的清泪。让他去经历这看似平凡的一切！"

最好的父母不是培养出"神童"的父母，不是时常见诸报端的父母，而是把孩子带到这个世界以后，会让他认识自己，教他善与恶、黑与白、是与非，引导他热爱这个世界，让他快乐时有人分享，痛苦时有人依偎，在前行途中回眸时会发现身后还有肩膀可以依靠，这已足够。

生活得幸福也不失为一种不平凡，祝福我们和我们的孩子都拥有这种不平凡的力量。

聊 聊 爱 情

最近一段时间听过的最美的话，便是史铁生第一次与陈希米见面时对她说的话："你正是我想象的样子。"

我感动了许久。一个人一生要见过多少人，看过多少风景，渡过多少桥，才能遇见一个"正是自己想象的模样"的人？刚好遇见了，刚好爱了，又是何等的幸运！看了今天的新闻，不免觉得"相亲""婚恋网站"这样的词太过不堪。为了组建家庭，为了完成一个人的"正常生命流程"便理性地、客观地、明确地在网站上面筛选，只为找一个不太讨厌的、条件合适的人凑合着过日子，这未免太悲哀了。

这样的条条框框匹配出来的是爱情吗？我不敢下定论，但我眼中的爱情，是莎士比亚翻译者朱生豪的"我是，我是宋倩如主义者"，是马悠博士对李旻果的"我不能给你无尽的财富，但我可以给你无尽的花朵"，是王小波对李银河的"一想起你，我这张丑脸就泛起微笑"。德国人马悠博士与报社记者李旻果舍弃安稳生活，到热带雨林中去种树养花，保护生态；王小波与李银河惺惺相惜，一起创作。真正的爱情或许就应该是这样，让对方都成为更好的自己。两颗星星抱在一起，能带给世界更璀璨的光亮。最让人不屑的爱情，莫过于两个人只顾花前月下、卿卿我我，却不务正业，始终沉浸在甜言蜜语里。

我希望将来我说出的情话，不是"为了你，我愿意抛弃整个世界"，而是"因为你，我更加热爱这个世界"。

陈希米说："因为我是铁生的妻子，所以才要做更好的陈希米。"

爱情或许就是一次平静的相逢。遇到了就是遇见了另一个自己。两个人并肩站在了世界的同一个地方，再一起往前走。

应景的是，今早听妈妈说，老师家的姐姐这周要结婚。两个年轻人自己走到了一起，真心为他们高兴！我同时窃笑：老师可真省心，不会成为"逼婚侠"，也不必为姐姐"煞费苦心"了！

从未写过新婚贺词，此时郑重其事的我不知如何落笔。只愿上文中所有美好爱情的模样，都飞去那个幸福的殿堂，所有缱绻的情话，都在琐碎的生活里始终发光。

忽然想到史铁生给陈希米写的情诗："你来了，黑夜才听懂期待；你来了，白昼才看破樊篱。"那么，我祝姐姐：黑夜无所期待，因为身旁即是所爱；永无樊篱遮眼，一生澄澈朗然。

写在最后　写给你

对于我，这注定是个不寻常的秋天。

搬来南楼已有些时日，却仍清晰地记得一年前的自己怎样眺望学哥学姐们的足迹。那时的我站在北楼的窗台边，看学哥学姐们浩浩荡荡地向南楼"搬家"。这是学校的传统：每年夏天，升入高三的同学们便要穿越宽阔的操场，从北楼迁到南楼去"安家"，开启最后一段高中学习生活。一千多名师生一起出动，场面颇为壮观。我看到学哥学姐们拖着书箱，捧着书，笑着，闹着，走着。从楼上看去，小小的身影遍布操场，好像是在簸箕里撒了一把豆粒。琥珀色的夕阳注视着一切，校园旁的一排高大的老树投下长长的影子，塑胶操场静默地闪着光。那阳光洒在他们身上，为他们勾上金色的边影；那阳光洒入我的窗子，爬上了我的校服。

他们好像不只是走向南楼，而是在走向远方。

那一刻的我莫名地被感动了。他们像是走向战场的英勇的战士，一步接一步，带着微笑，坚定而决绝。他们像是挤在一个小舟里共同迎战惊涛骇浪的勇士，之后，他们会各上各的岸。

我知道自己终有一天也会踏上这条两楼之间的路，也会拥有同样炯炯的目光。

此时的我，便正坐在南楼里。

昨日口中的明天成了我眼里的当下。高三第一轮复习如火如荼地进行着，时间成了守财奴手里攥着的金子，不肯多予我们任何人一分。然而，我一直没有停下手里的笔。三年来，我不停地写着，写眼前的生活，写梦里的远方，写学习过程中的思考，写青春心事的芬芳。我捧着一本小小的集子，透过一页页纸张望去，看到的是九百多个日夜里一步步奔跑的自己。那个刚上高一，怀着憧憬与兴奋的小姑娘好像就在那里笑着向我挥手。

"人是不断地消失在过去的日子里的。"川端康成说。

可我却不这么认为。过去的我走过了一段光阴，便把下一程的山水呈现在现在的我的面前。与过去的自己告别，抑或是成长的意义。而这些文字让我回眸的目光更清晰，让每一个终会消逝的自己鲜活在字里行间。我每一次捧读都会与之不期而遇，这是超越时间与空间的一种奇迹。

"每一个你都如此斑斓"是葡萄牙诗人安德拉德一首诗

的题目，在这里借用，便是要对过去的自己说，更是要对广袤的世界说。这个世界真大，我有那么多的东西想去看，想去学习，想去热爱。我爱我的祖国，爱这个世界，爱这个世界的美与善良，也看到了这个世界的不足与伤疤。我不愿做一个"精致的利己主义者"，满足于口体之奉。我希望终有一天自己可以让这个世界更加斑斓。

不停地回望，便会不断地感念。本书得以顺利付梓，首先感谢爸爸妈妈，是他们的鼓励促成此事，他们还投入了大量的时间与精力帮我整理书稿。此外，还要感谢爸爸妈妈携我到这世上来，育我健康的身体，予我健全的人格，在成长道路上一步步地指引我，毫无保留地为我付出，教会我如何去爱自己，爱他人，爱世界。其次，感谢我的语文老师迟凤霞近三年来对我的写作及语文学习的尽心帮助与鼓励，给我以最大的自由写作空间。迟老师不但教授我们语文知识，还循循善诱，修整我们的思想与心灵，让我们感悟语文、感悟生活。

感谢编辑叔叔阿姨们的辛勤工作，以最好的形式把这本书呈现给大家。

还要感谢的，便是作为读者的你。

如果你是尊长，那么愿我的文字能让您回想起最美的青春时光，会心一笑。

如果你是与我同龄的"战友"，我要说一声："你不是一个人在战斗。"愿你在陷入迷惘或是感到消沉时，能重拾信心，再获力量。

如果你是学弟学妹，那么愿你不负少年时，愿我走过的路在你脚下能成为坦途，愿你能在这本书中读到你也可以拥有的勇敢与坚强。

感谢你，感谢你们，以这样的方式走进一个女孩的青春。

秋意浓，寒风至。在这样的一个初秋写下这样一段文字让我感到莫大的幸福。今日，我已站在属于我，属于千千万万个十七岁少年的征途上。

越努力，越幸运。越善良，越幸福。凭时间赢来的东西，时间定会为其作证。

最后的最后，我想说几句话，给明年夏天满十八岁的自己：

嘿，你好。

当你看到这段话时，十七岁的我已经不见了，不过这没关系，我已经为你做了最大的努力。我希望现在的你，已经实现了你的梦想，也就是我们的梦想。

在这个时候，还是要提醒你，继续好好完善和充实自己；继续充满正能量，做周围人身边的小太阳；继续保有对身边一切美好的热爱，继续勇敢而坚定地走下去。

还记得那个段子吗？大学教授对毕业生们说："教育的

目的便是为了培养无用而又自由的灵魂，今天，我实现了第一个。"台下一片哄笑。

教授接着说："你们现在可以去追逐自由了！"

那么，亲爱的，去爱吧，去奔跑吧！

李嘉盈
于2117年秋

家 长 的 话

女儿嘉盈的文字经过几个月的筹备终于要出版了。在这里真诚感谢各位师长的辛勤付出，尤其是她的高中语文老师迟凤霞，在日常教学中的循循善诱和点拨，为孩子的文字积累指明了方向。在我们看来，这本小书只不过是浩瀚文海中的一滴，与广大书著者的作品相比不免稚嫩，可至少是她学生生涯中的一个个记忆。

女儿嘉盈笔尖流淌出的文字，伴随着她成长。她的第一篇成型的文字是小学一年级时写的一首七律，虽内容不算"高大上"，但也表达了春天里学童的朦胧感思，至今那用铅笔写的几行字仍在家里书柜中保存。随着识字的增多和年级升高，她不时地写一些小文，有时作文在全班通读，到中学时作文常被年部通印。一次偶然翻看她几大册的周记本，不禁感叹她的思想、她的认知、她的情感以及她的积累。几年来她的书读得越来越多，内容也涉猎得越来越广，买书、读书成为她紧张学习生活中不可或缺的内容。不经意间，她的室内书架以及地板上已堆满了不知何时淘来的书，书籍的数量和种类早已超过我们书柜中所藏，所幸的是她让书中的营养如涓涓细流般汇入了内心。细品她的各篇小文，无不记载着她的心路历程，散发着正向积极、朴实真切的情感。

对于她，作为家长的我们没有刻意去雕琢，一切课外兴趣的培养及书本知识的学习皆源于她自己内心的喜欢。五岁时喜爱弹钢琴，十二岁以优秀成绩通过十级；七岁学习硬笔书法，五年级时在《书法报》上发表了作品；九岁学习美术，画作曾获奖；十岁学乒乓球，在全县比赛中取得名次；初中时开始在《课堂内外·高中版》等刊物上发表文章。初中毕业前，她把三年来每天记录的班级趣事辑成了《五班乐趣多》的小册子，送给同学和老师留念，为初中的生活留下一份永久的回忆。

对于这些课外兴趣的培养，如她喜欢并坚持如一，做父母的我们就会全力支持。无论是否获奖，只要她喜欢就好，一切都是水到渠成，她追求的是成长过程中的快乐，而不是最后的简单结果。单纯就学习成绩而言，女儿不一定是最好的，但她的全面发展，综合能力的提高，使她的成长之路更加丰满。今天这本小集，篇篇短文正是嘉盈成长过程中情感的升华，印证了嘉盈是一个充满正能量的孩子，积极、阳光、努力、自信写在字里行间。

情感是每个人成长的主题，无论是对国家、对社会、对民众，还是对家人，只有永葆一份朴素的情感，才能自然地化为笔下的花朵。正如巴金所说："我之所以写作，不是我有才华，而是我有感情。"

还有不到一年的时间，女儿嘉盈就要高中毕业，开启她人生的新篇章。愿她展开斑斓的翅膀，在理想的路上不断超越自我，实现梦想！

李念峰 臧立辉

2017.10